Charton Baggio Scheneider

As Sete Disciplinas do Sucesso

Estratégia de Desempenho e Realização Para Prosperar no Trabalho e na Vida

© Copyright, 2004, 2019 Charton Baggio Scheneider

Baggio Scheneider, Charton

As Sete Disciplinas do Sucesso – Estratégias de desempenho e realização para prosperar no trabalho e na vida / Charton Baggio Scheneider – Brasília/DF – Edições NeuroTech – 2004.

© Copyright, 2004, 2019 – Charton Baggio Scheneider.
Redução Total ou Parcial Proibida.

www.chartonbaggio.com

Sumário

- Sumário 3
- Iniciando a Jornada 4
- **A Disciplina da Paixão** 6
  - Desenvolvendo o Ímpeto dos Campeões – Iniciando a Jornada 7
  - Desenvolvendo Uma Atitude Premiada 28
  - Paixão a Força Motriz da Realização 30
- **A Disciplina da Convicção** 33
  - O Poder Oculto 34
  - Rompendo Com As Barreiras 36
  - Não É O Que Acontece Com Você, É O Que Você Faz Com Isto... 38
  - Assuma a Responsabilidade Por Sua Vida 44
- **A Disciplina da Estratégia** 48
  - Seu Plano de Vida 49
  - Aprendendo Novas Habilidades 65
  - Uma História de Fracassos e Sucesso Absoluto 72
  - A Sua Bússola Pessoal – Clarificando Seus Valores 74
- **A Disciplina da Energia** 85
  - A Fonte da Saúde e Vitalidade 86
  - Os Passos Para Energia & Vitalidade 87
- **A Disciplina do Poder da União** 93
  - Criando Sinergia em Sua Vida 94
- **A Disciplina do Domínio da Comunicação** 99
  - O Domínio da Comunicação 100
- **O Desafio Final** 105
  - Excelência Não É O Bastante 106
  - Buscando Uma Razão Maior Para o Seu Sucesso Definitivo 111

www.chartonbaggio.com

Iniciando a Jornada

Imagine quanto cada um de nós poderia realizar se nós acreditamos em nós mesmos?

Este livro poderá lhe ajudar a adquirir a liberdade de nossos hábitos e comportamentos negativos, e estabelecer metas que nós nunca pensamos que nós podemos alcançar, nós podemos viver vidas mais felizes, comprometida e podemos contribuir à humanidade de modos que nós nunca sonhamos ser possível.

Está um livro novo que oferece esta motivação e o mapa da estrada a organizações de todos os tipos e a você como indivíduo. Este livro ensina que é mais fácil alcançar 20 vezes a taxa normal de progresso ou chegar lá 20 vezes mais rapidamente, e é menos caro! Para começar, o ajuda identifica por que você protela.

Estas "barreiras" são causadas por comunicações pobres (a mensagem não é compreendida), descrença (nós não podemos fazer isto), tradição (nós sempre fizemos deste modo), burocracia (muitos políticas e procedimentos improdutivas), mas concepções (baseado em suposições pobres), desencanto (não querendo brincar em águas escuras) e procrastinação (nós podemos fazer isto amanhã, e talvez melhorará antes disso). Então, usando perguntas para desenvolver novas informações, mudando a tomada de decisões e, em efeito, mudando o comportamento, nós temos sucesso poderosamente. Leia e pratique o que este livro lhe propõe e você alcançara o que você nunca sonhou ser possível antes.

Este livro lhe encorajará a estabelecer suas metas e por extensão as perseguir. Eu estou inspirado por ter escrito estes livro, e sei que você também o ficará após lê-lo. Ele é para aquelas pessoas que querem adquirir mais controle de suas vidas. Ele lhe ensinará como "ter controle imediato de seu destino" mental, emocional, físico, e financeiro! Ele visa lhe prover de algumas grandes idéias e conselhos de como melhorar sua vida e estar sempre no controle de seu estado mental, suas decisões e ações. É simples ler e entender. A chave para este livro e qualquer coisa em vida é agir nele. Se você não o faz, este livro não fará nada por você. Se aplicar o que ele descreve, você fará uma diferença volumosa em sua vida.

Este não é uma bíblia, mas tem algumas idéias fantásticas que se você colocar em ação trará mudanças para sua vida. Use o que lhe for útil, descarte o que não lhe for, some outras para tudo o que você aprendeu, então aplique para sua vida, persista deste modo, e você terá em última instância êxito.

"Há uma poderoso, força motriz dentro de todo ser humano que, uma vez liberta, pode fazer qualquer visão, sonho ou desejo uma realidade."

- Anthony Robbins

O poder foi dado a você no momento que você nasceu. Sua fonte é ilimitada. E quando você aprender isto, você terá tudo o que você precisa para criar uma vida cheia de muita paixão, excitação, confiança e alegria que você alguma vez sonhou.

Como você quer viver realmente? Você é o que mais excitou? Pelo que você é agradecido? Você se sente freqüentemente "conformado" com sua vida? Você está impossibilitado de fazer mudanças ou de romper com convicções passadas?

Nós olhamos freqüentemente para fora de nós mesmos para estas respostas. Quando nós o fazemos, nós damos nosso poder. É hora de descobrir suas próprias respostas... desvendar suas próprias motivações internas... e fixar as suas próprias regras!

Sua essência e convicções controlam o que você pensa, as pessoas que você se identifica e as metas pelas quais você aspira. A maioria de nós adaptou estas há muito tempo de nossos pais, professores, amigos ou grupos. Freqüentemente, elas podem limitar nossa visão de como nós queremos viver, e inconscientemente alterar nosso nível de realização e felicidade na vida.

Como você pode transformar suas convicções limitantes e adicionar novo significado e profundidade para sua vida? Você aprenderá a ir mais fundo, a ter muito mais recursos pessoais, se tornar tudo aquilo que você verdadeiramente deseja e merece. E quando você começa a reivindicar as recompensas abundantes que seu futuro tem em estoque, você não só fará uma melhoria notável em sua vida - -mas por conseguinte, em nosso mundo. Isto é mais do que um outro livro -- é inteiramente uma nova visão.

www.chartonbaggio.com

A Disciplina da Paixão

www.chartonbaggio.com

Desenvolvendo o Ímpeto dos Campeões – Iniciando a Jornada

O que nos leva a sair de nossas vidas cotidianas rumo ao êxito? Para responder a esta pergunta é necessário primeiro que entendamos o que é "sucesso". Eu defino o sucesso o que todas as pessoas prósperas têm em comum.

A primeira característica de caráter das pessoas próspera é a paixão. A paixão é o que as dirige, as empurra, faz com que levantem cedo, as mantenham acordado - paixão nos negócio e paixão nas relações. Você precisa ser apaixonado com o que você faz com sua vida.

A pergunta é, como você gera paixão quando você não está experimentando isto? A primeira coisa que você precisa fazer é mudar seu estado. Seu comportamento é governado pelo estado de sua mente e de seu corpo em qualquer momento.

Paixão é um estado. As pessoas apaixonadas imaginam coisas e falam consigo mesmas (representações internas) de modo a criar um estado de paixão. Paixão também tem uma fisiologia particular.

As pessoas em um estado de movimento de paixão, falam e se comunicam de maneira muito específica que afetam os estados das outras pessoas: pessoas compram de pessoas apaixonadas pois eles acreditam nas pessoas apaixonadas. Paixão conduz automaticamente a congruência (mente e corpo que trabalham juntos). Quando você está congruente, todas as suas ferramentas de comunicação - palavras (7%), tonalidade (38%), e fisiologia (55%) – estão alinhadas e trabalham para entregar a mesma mensagem. O estado de paixão cria um comportamento que você e os outros experimentarão como congruente.

Eu estou absolutamente seguro em dizer que você quer ter êxito em sua vida. Porém, estatisticamente, apenas 5% da população conseguirá alcançar o seu potencial em todas as suas atividades, e a grande maioria, os 95% das pessoas restantes, nunca terão verdadeiramente o êxito.

Por definição, podemos dizer que o sucesso é a realização de uma parcela merecedora. Sucesso é um conceito diferente para cada um de nós. Para algumas pessoas, ter uma renda anual de 25.000,00 poderia ser um sucesso, para outras poderia ser ganhar 125.000,00. Seja lá o que ele pode ser/significar para você, há 5 características que você tem que ter em comum com outras pessoas prósperas para alcançar verdadeiro sucesso.

www.chartonbaggio.com

Metas – O Mapa do Sucesso

Estabelecer suas metas é o fator mais importante para alcançar o sucesso. Sem uma meta realista, como você vai saber quando você alcançou seu nível de sucesso? Todas as pessoas prósperas fixam metas. Todas as metas devem ser realistas, a curto prazo, mensuráveis e alcançáveis dentro dos saltos de sua própria percepção. Conforme o tempo passa, suas metas sempre podem ser ajustadas para alcançar sua meta de sucesso definitivo.

Porém, se sua meta inicial é receber a quantia de um milhão de dólares até fim do ano e você está obtendo atualmente apenas o valor de 100 mil com renda anual e esta já em novembro, você poderá provavelmente nunca alcançá-la e então, é irreal. Quebrando uma tarefa em pequenas porções fará com que a realização eventual da tarefa total pareça mais fácil e manejável. Todas as pessoas prósperas constantemente estabeleceram metas, re-avaliam as suas metas e as alavancam para até maiores realizações.

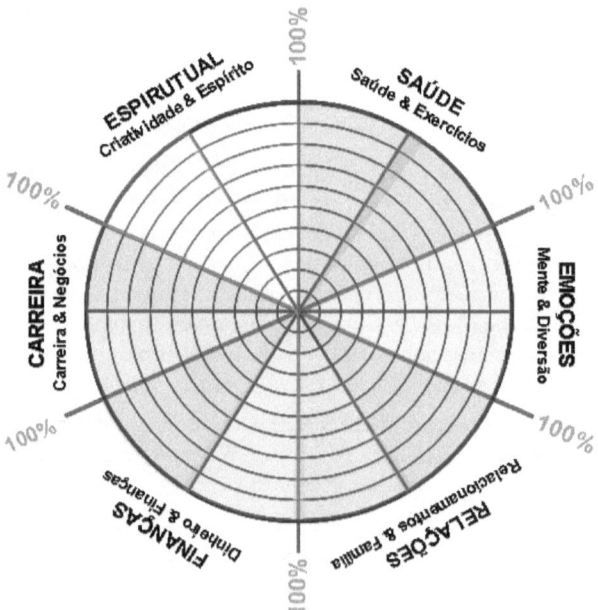

www.chartonbaggio.com

Roda da Vida

A Roda da Vida é um sistema unificado para viver com uma extraordinária qualidade de vida de forma totalmente integrada, flexível e efetivamente produtivo.

 SAÚDE: Saúde & Exercícios
- Seis Princípios da Saúde Vibrante
- Os Quatro Venenos da Saúde
- Corrida
- Alongamento de Egoscue
- Trabalhos com peso

 FINANÇAS: Dinheiro & Finanças
- As Quatro Forças da Excelência Financeira: Psicologia, Economias, Sofisticação e Execução
- As Sete Feridas Financeiras
- Quadrante financeiro EADI
- Ativos Vs. Passivos
- Proteção – Segurança & Vitalidade

 EMOÇÕES: Mente & Diversão
- Tríade de Forças (Fisiologia, Foco/Convicções & Linguagem)
- Seis Necessidades Humanas
- Doze Ferramentas para Criar Mudança Duradoura
- Quantificador de Qualidade

 CARREIRA: Carreira & Negócios
- Práticas de Liderança
- Desenvolvimento do Talento
- Valores Organizacionais
- Administração do Tempo/Vida – RPM
- Categorias de Melhoria

 RELAÇÕES: Relacionamentos & Família
- Princípios de Energia Masculina/Feminina
- Sua Relação Ideal
- 10 Sinais de Ação
- Reality Bridging
- 5 Rs: Representações (Papéis), Responsabilidades, Recursos, Regras & Resultados

 ESPIRITUAL: Criatividade & Espírito
- Visão e Propósito Definitivo
- Identidade
- Código de Conduta
- Virtudes de Poder
- Valores e Regras Atraentes
- Valore e Regras Repelentes
- Hora de Poder

www.chartonbaggio.com

Roda da Vida é o termo estruturado por Charton Baggio recorre a uma aproximação sistematicamente científica à administração efetiva dos principais sistemas da vida. Os conceitos e práticas embutidas na Roda da Vida são os resultados da aplicação sistemática de numerosas descobertas científicas sobre a natureza e capacidade pessoal, profissional e organizacional.

A Roda da Vida é um modelo evoluindo baseado em mais de 15 anos de continuas pesquisas científicas feitas por Charton Baggio nos seis principais campos da existência humana, auxiliado, apoiado e validado pela pesquisa de muitos dos melhores profissionais em seus campos ao redor do mundo. Charton continua esta pesquisa hoje e dá boas-vindas as investigações sérias sobre este trabalho e sua aplicação na vida moderna.

Você está convidado a contatar-nos ou a Charton Baggio com sua investigação.

A Roda da Vida tem o número certo de níveis baseados em um trabalho e execução bem-diferenciado e na necessidade para papéis não ambíguos para assegurar um processo efetivo.

A teoria de Charton tem várias conseqüências interessantes para a vida:

- **Entender *todos* os fatores internos críticos do negócio/vida que estão estrangulando seu negócio/vida agora mesmo.** Você verá seu negócio/vida numa ótica completamente nova e aumentará sua visão de uma nova perspectiva. Você será autorizado a criar uma visão que não será apenas capaz de *obter*, mas também *sustentar*.

- **Entender o impacto da corrente de sua organização "Fases da Vida."** Organizações, como todas as criaturas vivas, têm fases de vida. Elas nascem, elas envelhecem, elas ficam maduras, e elas morrem. Conforme elas mudam e fazem a transição pelas várias fases, os sistemas organizacionais seguem padrões previsíveis e repetitivos de comportamento no qual resulta na predição de padrões capazes e repetitivos de conflito e desafios. Partir de onde seu negócio está nesta organização de vida é primordial para entender se seus desafios são naturais, antinaturais, ou ameaçadores da vida.

- **Saber *exatamente* onde seu negócio/vida *realmente* está — não onde você *pensa* que está.** Você gostaria de ter uma bola de cristal para lhe ajudar a predizer os desafios que sua organização estará enfrentando no futuro? Entendendo a fase em que sua organização está também revelará os padrões previsíveis de desafios que acontecerão conforme progride por suas várias fases de vida. Esta consciência lhe dará a vantagem competitiva, onde você deve se antecipar, predizer, e resolver os desafios inevitáveis que acontecerão com *antecedência* em seu negócio/vida.

www.chartonbaggio.com

- **Saber *todos* os assuntos ou Pontos de Demanda de Atenção (PDA) em seu negócio/vida.** Você aprenderá um método sistemático para extrair, utilizar, e maximizar todos os problema empresariais que não tenham sido resolvidos por seu time. Você descobrirá que você e seu time possuem todas as respostas para seu negócio/vida. Todos os PDAs para seu negócio/vida serão capturados, categorizados, seqüenciados, e sintetizados conforme você e seu time podem ser autorizados a fazer a coisa *certa* no momento *certo* e podem evitar fazer a coisa certa no momento errado. Você saberá como identificar esses problemas ameaçadores e antinaturais da vida aos quais devem ser rapidamente alinhavados acima. O processo básico de inovar que é utilizado para extrair, aplicar, e maximizar esta informação mudará o modo como você sempre interagiu como um time poderoso.
- **Conhecer a estrada que está à *frente com precisão*.** Você entenderá e poderá predizer os tipos exatos de problemas que você encontrará no futuro e você saberá os tipos precisos de administração que serão mais efetivos para os desafios que você estará enfrentando hoje e enfrentará no futuro.
- **Usar o poder do enfoque.** Ou seja, aquilo que você constantemente enfoca em sua vida, você alcançará. Enfocando no resultado ou objetivo que você deseja, você proporá um plano de ação mais efetivo e assegurará que você está se orientando constantemente a ele.
- **Assegura que você esteja fazendo progresso e esteja alcançando equilíbrio em todas as áreas de sua vida que são realmente importantes para você.** Ele, sempre o ajudará a desenvolver um plano para a sua vida antes de você começar a planejar seu tempo. Assegurando que você esteja fazendo progresso constantemente naquilo que é muito importante para você. Isto lhe impede de se permitir a viver em reação às demandas do momento, ou de enfocar em uma área de sua vida às custas de outra.
- **Lhe impede de entrar na armadilha de confundir movimento com realização.** Todas as suas ações são projetadas conscientemente de forma que você esteja se orientando a um resultado ou objetivo comum. Suas ações também têm um propósito atrás delas de forma que você fica associado sobre aquilo que é importante para você alcançar em seu resultado.
- **Lhe dá uma sensação de propósito e realização para a sua vida.** A maioria das pessoas caminha a esmo, sabotando inconscientemente as suas ações aparentemente fortuitas. De fato, muitas pessoas realizam uma grande porção em suas vidas, até alcançarem um ponto onde elas começam a se perguntar, "É isto o que existe?" O planejando através deste Sistema de Administração da Vida lhe dá uma razão propulsora atrás de todas as suas

www.chartonbaggio.com

ações, assim você se mantém enfocado no significado e estima o que adquire em sua vida.

- **Reduz a tensão** *imediatamente*, lhe ajudando a transformar subjugação em uma sensação de certeza que você pode realizar o que você quer. Em vez do ter seu enfoque em uma lista enorme de artigos de ação (ou "para fazer'), este sistema o mantém enfocado em um número menor de resultados ou objetivos.

- **Provê a flexibilidade definitiva reconhecendo que há mais do que um modo para se alcançar um resultado.** Lhe ensina a desenvolver um MAPA ou um plano de ação que lhe dê múltiplos modos para adquirir algo. Assim, você não precisará marcar toda ação em sua lista para alcançar o resultado ou objetivo que vem depois. E, finalmente...

- **Usa o poder da sinergia.** A tradicional lista de planejando não reconhece a relação entre as tarefas. Combinando tarefas relacionadas em um único resultado ou objetivo, lhe dá a oportunidade para realizar tarefas múltiplas simultaneamente e maximizar sua efetividade.

Responda Esta Pergunta

Há tantas coisas competindo e exigindo seu enfoque em sua vida que se você não faz um esforço consciente para controlá-lo e decidir quais coisas com antecedência você vai enfocar (i.e. onde você vai por as suas emoções, tempo, e energia), então você será puxado pelas demandas do mundo e logo se achará vivendo em reação em vez de vivendo um plano de vida que você projetou para você.

Para contrariar estes ladrões do tempo, você tem que decidir quais áreas de sua vida conscientemente você vai e tem que enfocar continuamente em melhorar para viver a qualidade de vida você está comprometido. Esta força dinâmica o fará ter o Poder do Equilíbrio em sua vida para ser até mesmo mais próspero e realizado. Também tende a ampliar geometricamente sua capacidade de realização. **Nós chamamos estas áreas de enfoque de melhoria constante e Categorias de Melhoria.**

www.chartonbaggio.com

O Sistema Charton Baggio Results Coach

Aqui você começa a avaliar com clareza definida onde você está agora – assim você pode identificar "a brecha" entre onde você está e onde você quer estar.

Você estabelecerá algumas metas merecedoras, significantes do que você está certo que o fará feliz.

A seguir, você identificará "a brecha" em sua vida – assim você saberá qual é o seu próximo passo e como exatamente você alcançará sua visão definitiva e as suas metas.

Seu plano é o sua "gema preciosa". Não é baseado em teorias ou idéias. Nem é baseado em mera esperança. Seu plano é uma estratégia passo-a-passo para chegar onde você quer estar.

Passo 1 – Saiba Onde Você Está

A primeira coisa que você precisa fazer é saber onde você está. Vamos iniciar esta jornada dando uma boa olhada em aonde você está em algumas das áreas de sua vida hoje. O primeiro passo para entender onde você quer chegar é olhar onde você já está. Este é um exercício projetado para lhe dar apenas uma avaliação: você determinará entre as seis das mais importantes áreas de sua vida determinando onde você está se saindo muito bem, como também algumas áreas onde você poderia querer estar pondo mais seu enfoque.

Olhe a roda abaixo e observe que ela é dividida em diferentes seções que correspondem a algumas das áreas típicas na vida: **suas finanças, emoções, família e relações, espiritualidade, carreira, e saúde física.** Considere que o meio do círculo corresponde a zero e o anel externo do círculo corresponde a dez. Agora, tomando uma área de cada vez, de um peso na balança de zero a dez de onde você está hoje vs. aonde você realmente quer estar. Por exemplo, você poderia dar uma nota sete para sua vida

www.chartonbaggio.com

familiar, oito para suas finanças, cinco para sua vida emocional, nove para sua carreira, seis para sua espiritualidade, e sete para sua saúde física.

> **SUGESTÃO:** Seja honesto com você! Você apenas está se dando o presente de auto-honestidade que você pode levar sua vida verdadeiramente ao próximo nível. Mentindo para você – ou igualmente ligeiramente "exagerando" a verdade – poderia lhe fazer se sentir bem por um momento, mas em última instância denegrirá a qualidade de sua vida. E, se está sendo honesto você ganha o caminho para levar a cabo. Ninguém é perfeito – e este exercício lhe dará uma grande avaliação de onde você poderia querer começar a levar sua vida ao próximo nível.

Dê uma olhada em sua vida como se tivesse seis áreas que você decidiu serem extremamente importantes para constantemente as melhorar. 100% representam onde você quer estar nesta área de sua vida. Assim, onde você está atualmente em cada área?

Numa escala de 1 a 10 – 1 terrível, 10 excelente – por favor, mensure-se as áreas de maestria. Então, escreva uma ou duas linhas explicando sua avaliação. O que você mais gostaria de melhorar nela?

Saúde ☐ 1 ☐ 2 ☐ 3 ☐ 4 ☐ 5 ☐ 6 ☐ 7 ☐ 8 ☐ 9 ☐ 10
_____
_____

Exercícios ☐ 1 ☐ 2 ☐ 3 ☐ 4 ☐ 5 ☐ 6 ☐ 7 ☐ 8 ☐ 9 ☐ 10
_____
_____

Mente ☐ 1 ☐ 2 ☐ 3 ☐ 4 ☐ 5 ☐ 6 ☐ 7 ☐ 8 ☐ 9 ☐ 10
_____
_____

www.chartonbaggio.com

Diversão ☐ 1 ☐ 2 ☐ 3 ☐ 4 ☐ 5 ☐ 6 ☐ 7 ☐ 8 ☐ 9 ☐ 10

_____
_____

Relacionamentos ☐ 1 ☐ 2 ☐ 3 ☐ 4 ☐ 5 ☐ 6 ☐ 7 ☐ 8 ☐ 9 ☐ 10

_____
_____

Família ☐ 1 ☐ 2 ☐ 3 ☐ 4 ☐ 5 ☐ 6 ☐ 7 ☐ 8 ☐ 9 ☐ 10

_____
_____

Dinheiro ☐ 1 ☐ 2 ☐ 3 ☐ 4 ☐ 5 ☐ 6 ☐ 7 ☐ 8 ☐ 9 ☐ 10

_____
_____

Finanças ☐ 1 ☐ 2 ☐ 3 ☐ 4 ☐ 5 ☐ 6 ☐ 7 ☐ 8 ☐ 9 ☐ 10

_____
_____

Carreira ☐ 1 ☐ 2 ☐ 3 ☐ 4 ☐ 5 ☐ 6 ☐ 7 ☐ 8 ☐ 9 ☐ 10

_____
_____

Negócios ☐ 1 ☐ 2 ☐ 3 ☐ 4 ☐ 5 ☐ 6 ☐ 7 ☐ 8 ☐ 9 ☐ 10

_____
_____

www.chartonbaggio.com

As 7 Disciplinas do Sucesso

※ Criatividade ☐ 1 ☐ 2 ☐ 3 ☐ 4 ☐ 5 ☐ 6 ☐ 7 ☐ 8 ☐ 9 ☐ 10

※ Espírito ☐ 1 ☐ 2 ☐ 3 ☐ 4 ☐ 5 ☐ 6 ☐ 7 ☐ 8 ☐ 9 ☐ 10

Total Geral

Veja o resultado de seu escore...

0-72

Cada área de nossa vida tem uma espiral descendente ou uma espiral ascendente. Estando abaixo de 36 indica que você está sofrendo emoções que lhe causam desconforto, medo, frustração, desapontamento, e insuficiência.

Quando você modifica as escolhas erradas e inúmeras vezes, um impulso karmico é criado. Uma acumulação negativa deste impulso é constantemente o resultado de se fazer escolhas insalubres por um período longo de tempo. Este é o problema. Quando você entra na espiral descendente este impulso negativo torna-se auto-destrutivo.

ADVERTÊNCIA: A menos que você aja e faça algo urgentemente sobre isto, você perderá o controle de sua vida, sua força e seu poder até que a dor controle todas as escolhas que você faz até que se torne uma vítima das circunstâncias. Isto poderia significar depressão total.

www.chartonbaggio.com

SOLUÇÃO: Para ter a verdadeira felicidade, este impulso deve ser completamente, totalmente e perfeitamente destruído e extinguido para sempre. Se você quer parar e intervir sobre o impulso negativo, a consistência é tudo. E para ter sucesso, você tem que usar o poder da motivação para inverter o impulso e assim poder trabalhar para você, não contra você.

Da mesma forma que o impulso negativo fica auto-gerador como resultado de escolhas erradas repetidas, nós podemos fazer a conversão. Nós podemos intervir e cessar o impulso negativo fazendo as escolhas certas inúmeras vezes. Por conseguinte, conforme você faz escolhas formais em sua vida seu amor, alegria e aumenta a felicidade.

Uma vez que você começar a fazer progresso em sua vida, a <u>lei da inércia</u> – objetos em movimento tendem a ficar em movimento – assume e o impulsiona para novos níveis de realização. Isto não pode ser conseguido rapidamente. Significa que há esperança. Eu lhe convido a participar de meus treinamentos para obter as ferramentas que você precisará para sair de onde você está e levá-lo para onde você quer estar.

72-110

Este não é o "lar de um homem", no entanto você não está insatisfeito o bastante para mudar suas circunstâncias. Como resultado do conforto, você não percebe o caminho para mudar. Porém, você sabe que sua vida pode ser muito melhor. Em algum nível você tem que sentir que você ainda não está vivendo seu potencial pleno.

ADVERTÊNCIA: A menos que você se cause um pouco de desconforto, você continuará fazendo a mesma coisa que você sempre fez. Por conseguinte, você continuará também adquirindo o mesmo nível de satisfação que você experimenta agora. Além disso, a menos que você foque constantemente para melhorar sua vida, um impulso negativo vai se formar lentamente contra você. Crescimento não é uma opção. Cedo ou tarde seu conforto se tornará a fonte de sua dor em vez de sua alegria.

Você pode fazer algo agora sobre isto ou espera até que você alcance seu limiar da dor onde mudar sua vida não seja mais um "devo", mas um "imperativo".

SOLUÇÃO: Este é meu convite para você se unir ao estabelecimento de algumas metas novas, desafiadoras em sua vida. Metas que o ajudarão a sair de um nível 360-480 de felicidade em sua vida para obter um nível 540-600 de bem-estar. Porém, você precisará de apoio, motivação e a maioria de todas as responsabilidades. Alguém que o apoiará a sua "palavra" conforme você segue par fora de sua zona de conforto.

www.chartonbaggio.com

Nestes mais de 15 anos que venho atuando como treinador de resultados, eu percebi que apenas uma coisa poderia impedir com que as pessoas não façam o que for necessário: Falta de Instruções. Este livro tem esta finalidade de lhe prover instruções, ou você pode me dar a oportunidade de fazer isto pessoalmente através de um de meus programas de treinamento ou através de meu programa de coach one-to-one.

+110

PARABÉNS! Você está nos 2% (topo da pirâmide) das pessoas que vivem as suas vidas em seu potencial pleno. De maneira muito interessante, normalmente são as pessoas que têm as pontuações mais altas que querem se pôr até melhor e sempre estão procurando algum modo para melhorarem. Se você é um dessas pessoas eu o convido a considerar meu convite para lhe prover meu programa de coach um-a-um onde você terá acesso a muita informação e serviços que podem lhe ajudar a atingir níveis até mais elevados de realização pessoal.

Puxe uma linha para cada seção da roda abaixo e segundo um peso na escala de zero a dez (acima) – segundo as notas dadas anteriormente, e pinte cada seção (dê preferência com cores diferentes para uma melhor distinção) para adquirir um verdadeiro quadro de onde você realmente está em cada área.

Use a "Roda da Vida" para conferir se seus planos e atitudes estão privilegiando todos os papéis que você exerce na vida. Agora você está pronto para responder a grande pergunta:

Se isto fosse um pneu de meu carro chamado Vida, qual seria a velocidade de meu carro?

Você estaria andando a 10 mph? Ou você poderia estar andando a 100 mph? Se você é como a maioria das pessoas, seu carro estará um pouco fora de equilíbrio e sua viagem vai ser um passeio acidentado!

www.chartonbaggio.com

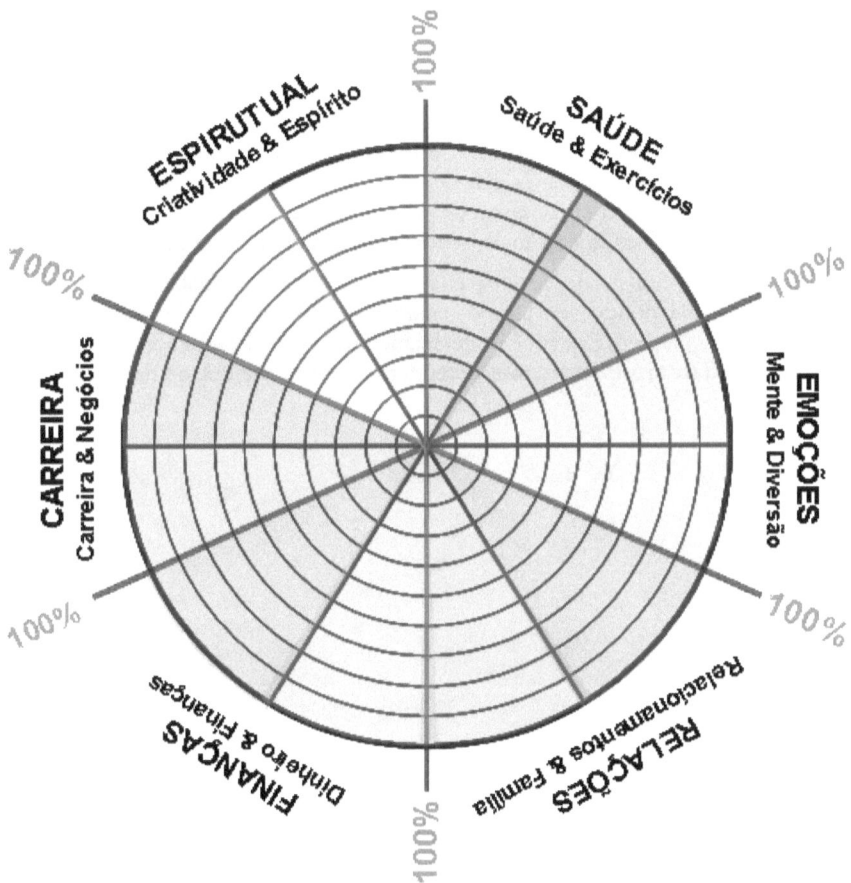

O mesmo é verdade em sua vida: quando sua vida está fora de equilíbrio, você tende a experimentar mais buracos na estrada. Você ainda pode alcançar seu destino desejado, mas vai levar mais tempo e o passeio não vai ser tão suave ou divertido!

Assim, se você não gosta da forma de sua roda, lembre-se que este é um sentimento muito natural. Uma das coisas belas sobre o espírito humano é que não importa que nível nós já tenhamos alcançado em nossas vidas, nós constantemente estamos nos esforçando para nos tornar em algo mais. O segredo é descobrir o equilíbrio apropriado entre apreciar onde você está e levar sua vida

www.chartonbaggio.com

ao próximo nível. Descontentamento é o primeiro passo para a realização. Agora é hora para pegar este descontentamento e transformá-lo na direção para criar o que você deseja e merece em todas as áreas de sua vida que sejam importantes para você.

O equilíbrio na vida está entre a satisfação e o descontentamento e entre a realização e o passeio. O estado ideal é estar contente e avançando, onde você tem bastante satisfação para desfrutar onde você está (quem você se tornou, como sua vida é, o processo de como você está) e sentir bastante descontentamento para querer mais, sentir o passeio para crescer e contribuir.

Você precisa de um modo para arredondar e criar um equilíbrio em sua vida assim você estará pondo seu tempo, energia, e enfoque em todas as áreas que mais importam para você, e você poderá funcionar verdadeiramente no nível mais elevado. Para fazer isto, precisamos entender como criar seu plano de vida...

Medidor de Dor & Prazer

Relacione itens pessoais e profissionais para cada uma das áreas abaixo e descubra a quantas anda sua satisfação:

Saúde	Coisas que eu GOSTO e FAÇO?	
	Coisas que eu GOSTO e NÃO FAÇO?	
	Coisas que eu NÃO GOSTO e FAÇO?	
Exercícios	Coisas que eu GOSTO e FAÇO?	
	Coisas que eu GOSTO e NÃO FAÇO?	
	Coisas que eu NÃO GOSTO e FAÇO?	
Mente	Coisas que eu GOSTO e FAÇO?	
	Coisas que eu GOSTO e NÃO FAÇO?	
	Coisas que eu NÃO GOSTO e FAÇO?	

www.chartonbaggio.com

Diversão	Coisas que eu GOSTO e FAÇO?	
	Coisas que eu GOSTO e NÃO FAÇO?	
	Coisas que eu NÃO GOSTO e FAÇO?	
Relacionamentos	Coisas que eu GOSTO e FAÇO?	
	Coisas que eu GOSTO e NÃO FAÇO?	
	Coisas que eu NÃO GOSTO e FAÇO?	
Família	Coisas que eu GOSTO e FAÇO?	
	Coisas que eu GOSTO e NÃO FAÇO?	
	Coisas que eu NÃO GOSTO e FAÇO?	
Dinheiro	Coisas que eu GOSTO e FAÇO?	
	Coisas que eu GOSTO e NÃO FAÇO?	
	Coisas que eu NÃO GOSTO e FAÇO?	

www.chartonbaggio.com

Finanças	Coisas que eu GOSTO e FAÇO?	
	Coisas que eu GOSTO e NÃO FAÇO?	
	Coisas que eu NÃO GOSTO e FAÇO?	
Carreira	Coisas que eu GOSTO e FAÇO?	
	Coisas que eu GOSTO e NÃO FAÇO?	
	Coisas que eu NÃO GOSTO e FAÇO?	
Negócios	Coisas que eu GOSTO e FAÇO?	
	Coisas que eu GOSTO e NÃO FAÇO?	
	Coisas que eu NÃO GOSTO e FAÇO?	
Criatividade	Coisas que eu GOSTO e FAÇO?	
	Coisas que eu GOSTO e NÃO FAÇO?	
	Coisas que eu NÃO GOSTO e FAÇO?	

www.chartonbaggio.com

	Coisas que eu GOSTO e FAÇO?	
Espírito	Coisas que eu GOSTO e NÃO FAÇO?	
	Coisas que eu NÃO GOSTO e FAÇO?	

Minhas Emoções

A palavra emoção, vem da raiz latina *"movere"*, que quer dizer "mover", acrescida ao prefixo *"e-"*, que dá a conotação de "afastar-se", ao qual indica como diz Daniel Golemam, que *"todas as emoções são, em essência, impulsos para agir, planos instantâneos para lidar com a vida que a evolução nos infundiu."* Goleman diz ainda que entende as emoções como *"um sentimento e seus pensamentos distintos, estados psicológicos e biológicos, e uma gama de tendência para agir."*

"As emoções são uma fonte interior de energia, influência e informação. Inerentemente elas não são boas nem ruins. É o que fazemos com a informação e a energia que elas produzem que faz a diferença." dizem Cooper e Sawaf. Segundo eles, *"Quando você está ciente de seus estados emocionais, você ganha valiosa **flexibilidade de resposta**."*

Dizem ainda que *"Todo sentimento é um sinal. Isso significa que alguma coisa que você valoriza está sendo questionada ou há alguma oportunidade a ser aproveitada – para estreitar um relacionamento, por exemplo, ou realizar uma mudança e criar alguma coisa nova. Toda emoção é um despertador para chamar sua atenção. Sua finalidade é levá-lo – a fazer uma pergunta, a esclarecer coisas, a descobrir e ampliar suas habilidades, a agir ou tomar uma posição."*

Vamos entrar em ação:

O que é grande em sua vida hoje? Sobre o que você está excitado? O que é que lhe faz orgulhoso?

_____
_____
_____
_____
_____
_____

O que você está perdendo em sua vida? O que o levará a adquirir ou experimentar o que você quer?

_____
_____
_____
_____
_____
_____

Qual é o seu maior medo?

_____
_____
_____
_____
_____
_____

Faça uma lista de todos os estados emocionais típicos que você experimenta pelo menos uma vez por semana. Inclua as emoções positivas e as emoções sufocantes.

Emoções Positivas	Emoções Sufocantes

Para pelo menos seis emoções em cada lista (positivas/sufocantes), descreva uma situação típica onde aquela emoção surge e o que ativa a emoção. Então, se você tem um modo particular ao qual você faz para ter uma emoção melhor ou adquirir liberdade de uma emoção negativa, escreva abaixo como você faz isso. Use papel adicional se necessário.

www.chartonbaggio.com

Emoções Positivas
Exemplo:

#0 Emoção positiva: *Amor*
Situação: Quando eu vejo meu filho.
Gatilho: O sorriso dele.
Intensificador: Eu faço cócegas nele e nós dois começamos a rir.

#1 Emoção positiva: _____
Situação: _____
Gatilho: _____
Intensificador: _____
_____
_____

#2 Emoção positiva: _____
Situação: _____
Gatilho: _____
Intensificador: _____
_____
_____

#3 Emoção positiva: _____
Situação: _____
Gatilho: _____
Intensificador: _____
_____
_____

#4 Emoção positiva: _____
Situação: _____
Gatilho: _____
Intensificador: _____
_____
_____

www.chartonbaggio.com

Emoções Positivas
Exemplo:

#0 Emoção sufocante: *Ser subjugado*

Situação: Quando meu chefe pede um projeto que eu ainda não terminei.

Gatilho: Ouvir a voz dele.

Eliminador: Eu vou até a lanchonete e compro uma barra de chocolate.

#1 Emoção negativa: _____

Situação: _____

Gatilho: _____

Eliminador: _____
_____
_____

#2 Emoção negativa: _____

Situação: _____

Gatilho: _____

Eliminador: _____
_____
_____

#3 Emoção negativa: _____

Situação: _____

Gatilho: _____

Eliminador: _____
_____
_____

#4 Emoção negativa: _____

Situação: _____

Gatilho: _____

Eliminador: _____
_____
_____

www.chartonbaggio.com

Desenvolvendo Uma Atitude Premiada

Uma atitude positiva é o segundo fator que as pessoas prósperas têm em comum. Eu nunca encontrei uma pessoa verdadeiramente próspera que eu consideraria um "auto realizador" de sucesso que não teve uma atitude positiva. Estas pessoas se relacionam com o mundo sobre uma base positiva. Eles sempre procuram a lata "não faça" a lata "não apóie toda situação". Se você pensa que você pode ou se você pensa que você não pode, você tem razão.

Todas as pessoas verdadeiramente prósperas acreditam não apenas neles, mas na realidade nas suas metas. Uma atitude positiva é contagiosa e quando é sincera, as pessoas com quem você entra em contato relacionará a você e suas atividades com uma vitalidade e atitude positiva que causam lucros, um ambiente próspero.

O Poder da Verdade

A sempre é melhor negociar com a verdade por várias razões, não menos importante é que é sempre mais fácil de se lembrar. Se você vai ter êxito, você não terá tempo, energia e habilidade para se lembrar de mentiras, ou mentiras que você contou para as pessoas. Isto consome valiosa energia e diminui o poder necessário para percorrer uma vida próspera.

A verdade é fácil de se lembrar e geralmente, a longo prazo, mais fácil de se negociar. Verdadeiros vencedores sempre estão prontos para enfrentar a verdade sobre as situações conforme eles lidam com eles em uma base oportuna e então procedem seguindo com o negócio de funcionamento de uma vida próspera, prosperando. Nunca tendo que apoiar a localização para cobrir áreas de problema.

Pesquisa e Desenvolvimento

Pesquisa e Desenvolvimento na sociedade de hoje ficaram extremamente importantes para todas as principais corporações. Aqui é onde todos os novos produtos e idéias evoluem. Indivíduos prósperos sempre entenderam este princípio em um nível pessoal e eles constantemente se esforçam para melhorar as suas próprias habilidades por tais métodos como sistemas educacionais formais, seminários, lendo livros, escutando a idéias e os pensamentos dos outros, e de qualquer maneira que se apresenta para eles.

Pessoas verdadeiramente prósperas acreditam que elas podem se aprimorar e podem constantemente se esforçar para buscar métodos e meios que os ajudarão a realize esta tarefa. Eles também sabem que há um preço para se pagar por este sucesso e o retorno em investimento às vezes é grande e às vezes pequeno, mas que o retorno sem o investimento sempre é o mesmo "Zero".

> "Pensar é o trabalho mais duro que existe. Esta é a provável razão por que tão poucos se ocupam disto".
>
> – Henry Ford

Habilidade o Poder Rumo a Realização

A habilidade humana sobre todas as outras criaturas nesta Terra é a habilidade para pensar. Todas as pessoas prósperas usam este talento para melhorar as suas vidas e controlar o seu próprio destino. Só você pode dar o passo inicial para libertar o poder interior de sua própria mente. O poder é temeroso e às vezes pode ser assustador. Porém, nós temos habilidades mentais que muitas pessoas não podem ou não acreditariam.

Anthony Robbins escreveu um livro intitulou "Poder Sem Limites" onde explica de forma simples as teorias da Programação Neurolingüística, o poder da mente e como obter o controle e usá-la. A PNL foi desenvolvido originalmente por John Grinder e Richard Bandler como um sistema de comunicação que usa o sistema nervoso central. Por este sistema Robbins avançou um esboço completo sobre como libertar seu "poder" de desempenho e alcançar suas metas provavelmente antes de você pensava ser impossível.

O primeiro passo para usar as suas verdadeiras habilidades mentais é entender o que Robbins se refere por como os sete mecanismos que ativados garantem o sucesso. E, é exatamente sobre estes que trata este livro.

www.chartonbaggio.com

Paixão a Força Motriz da Realização

A paixão é uma força implícita que alimenta as mais fortes emoções – uma intensidade que experimentamos quando nos colocamos a atuar sobre aquilo que temos um profundo interesse, nos preenchendo com energia, capacitando-nos a dar o máximo de nós mesmos.

Todas as pessoas verdadeiramente prósperas como Lee Iacocca têm uma força motriz dentro delas que as põe aparte dos outros. Um desejo, uma energia que lhes dá o combustível para alcançar o seu verdadeiro potencial. Esta força é uma parte deles 24 horas por dia, sete dias por semana. Nunca baixa. A sua existência total é contínua para a realização das suas metas. A paixão dentro destes indivíduos para realizar foi implantada profundamente, e o seu poder mental é guiado por esta força e não lhes deixarão fazer qualquer coisa diferente do que foi alcançado.

Para desenvolvermos esta força poderosa, existem cinco passos aos quais precisamos dar. Não importa onde quer que você esteja, você pode provocar mudanças para que se mova pela paixão – o pagamento por esta dedicação, pelos seus esforços com toda certeza serão ilimitados.

A paixão deve ser a razão de sua existência, como um ponta-pé inicial de onde tudo deve emanar, refletindo de maneira implícita a paixão que emana de dentro de você. Você deve identificar quais são as idéias e atividades que inspirem a sua aplicação. As forças que mais têm valor internamente e que lhe fazem se sentir vivo.

A isto eu chamo de "Força Motriz" – que é basicamente o processo de definir sua visão global e o que você pretende para sua vida. Vejamos as principais partes na sua força motriz:

1. Sua **visão definitiva** para sua vida. Você deve ter uma definição clara de onde as sementes dessa paixão vão lhe levar. O seu resultado (ou mira) que você quer alcançar. O objetivo que você busca; o resultado específico e mensurável assim você pode medir seu progresso.

    Sua visão definitiva é a imagem ou descrição de um futuro constrangedor – ela deve ser emocional, específica, descritiva e deve lhe excitar o bastante para lhe puxar para ela. Geralmente, ela é descrita em um ou dois parágrafos que resumem seus desejos para sua vida que o mantém inspirado e provê uma lista de conferência para ter certeza de que você esteja no rastro com suas metas.

www.chartonbaggio.com

2. Seu **propósito definitivo** para sua vida. Uma lista emocional, motivadora de todas as razões do por que você está excitado a criar sua Visão Definitiva. Ele deve incluir como lhe fará sentir, o que lhe dará e aos outros, e um par de palavras emocionais para lhe inspirar a colocar sua visão em ação. Seu propósito são as razões motivadoras do por que você quer fazer algo – razões que lhe darão o caminho necessário para levar a cabo o seu plano.

3. Sua **identidade** para sua vida (quem você é e o que você suporta). Sua identidade abrange as convicções que você usa para definir o que o faz como um ser humano. Por que razão isto é tão importante?

    Nossas convicções sobre nós mesmos estão entre as forças mais fortes que moldam nossas vidas. Nós sempre agiremos consistentemente com a nossa visão de quem nós somos verdadeiramente – se aquela visão é precisa ou não. Em outras palavras **a força mais forte na personalidade humana é a necessidade para permanecer consistente com como nós nos definimos.**

    Então, as palavras que você usa para descrever quem você é, são inacreditavelmente importantes – elas determinarão o que você faz, o que você diz, como você se comporta, o que você se esforça na vida e o que você não aprova. Sua identidade pode ser tanto a coisa que o limita de se tornar algo mais – como pode ser o ímpeto para o incitar a chegar até as maiores alturas.

4. Seu **código de conduta.** A fim de se ter a certeza de que será guiado pela paixão, você deve criar estratégias e planos de ação que tenham como alvo a paixão catalisadora de mudanças, e ainda a origem para uma excelência futura. O plano de ação que você criar deve delinear as estratégias para capitalizar as paixões já existentes e dar origem a outras novas.

    Seu Código de Conduta é a coleção de padrões que você se segura a cada dia não importa o que aconteça.

    Uma coisa é definir sua visão definitiva, seu propósito definitivo, e sua identidade, outra coisa é ter certeza de que você está vivendo constantemente todos os dias estas coisas. A idéia de um Código de Conduta vem de Benjamim Franklin que mantinha uma lista de todas as virtudes que ele estava comprometido a encarnar a cada dia. Então, a cada dia, ele inspecionaria um quadro de virtudes que ele viveu naquele dia e as que ele não o fez. Deste modo, com o passar do tempo, ele estava parecendo cada dia como ele verdadeiramente fora comprometido a ser.

www.chartonbaggio.com

Uma vez que você tenha entendido o obstáculo inicial de medo e precaução, descobrirá que a base da paixão está fornecendo força e energia. Entretanto, você também deve assumir medidas para certificar-se de que não perderá o foco da paixão, o qual o torna um grande indivíduo. As pessoas movidas verdadeiramente pela paixão reconhecem que se não houver entusiasmo, elas poderão ser levadas a direções contrárias à sua produtividade.

Uma vez que o plano esteja estabelecido, você deve começar a atuar sobre suas paixões – em alinhamento ao redor de suas paixões e do seu propósito. Um sentimento de empolgação e agitação começará a surgir em níveis cada vez mais elevados, conforme a paixão penetra em seus feitos. Isso o tornará suficientemente motivado e altamente capaz, com pouca necessidade de um guia e/ou inspiração externa.

5. Seus **valores**. Seus valores são as emoções que são mais importantes para você em sua vida.

As pessoas que atuam com paixão ganham prestígio do mundo inteiro, espalhando assim um sentimento de excitação a todos.

A segunda disciplina a ser compreendida é...

www.chartonbaggio.com

A Disciplina da Convicção

O Poder Oculto

Virgil já dizia "Eles podem porque eles pensam que podem".

Você fará somente R$100.000,00 este ano se você acreditar primeiro que você pode. Se você não acreditar que você pode, se você estiver se dizendo que você quer isto, mas verdadeiramente você acredita não ser alcançável, não o alcançará.

A verdade da vida é que os limites são auto-impostos pelo que a mente é faz acreditar. Se você amplia a sua convicção de suas próprias habilidades, você também ampliará seu verdadeiro reino de realização. Um homem de quem a grande maioria da população no mundo já ouviu falar e que viveu a sua vida com adversidade, só que, no entanto, ele constantemente acreditava que ele poderia alcançar seus objetivos.

Faliu no negócio com 31 anos de idade.

Foi derrotado numa eleição para o legislativo com 32 anos.

Faliu novamente no negócio aos 34 anos.

Superou a morte de sua amada aos 35.

Tive um colapso nervoso quando tinha 36 anos.

Perdeu uma eleição com a idade de 38.

Perdeu nas eleições para o Congresso aos 43, 46 e 48.

Perdeu uma disputa para o Senado com a idade de 55.

Fracassou na tentativa de se tornar vice-presidente aos 56 anos.

Perdeu uma disputa setorial aos 58 anos.

Foi elegido Presidente dos Estados Unidos aos 60 anos.

Com toda a adversidade que esteve em sua frente, o Presidente Abraham Lincoln não teve nenhuma razão para tentar continuamente diferente do fato que ele acreditava que era o seu destino e medida de sucesso para realizar esta tarefa.

No início de 1966, enquanto voava numa de suas missões de combate no Golfo de Tonkin, o Capitão Gerald Coffee teve sua aeronave abatida sobre o fogo inimigo em cima do Vietnã do Norte. Ele conseguiu sair ileso, mas foi capturado imediatamente. Durante os próximos sete anos, ele viveu como prisioneiro de Guerra nas várias prisões de Hanoi. Vindo a ser liberto em fevereiro de 1973.

Atualmente o Capitão Coffee compartilha sua mensagem para centenas de milhares das pessoas. Em sua mensagem ele não enfoca nos horrores dos sete

www.chartonbaggio.com

anos de seu encarceramento, mas nas lições positivas que ele aprendeu junto com outros americanos que estavam cativos. A sua fé — nele, nos membros da raça humana, no seu país, e em Deus — foi a chave de sua sobrevivência, e pode ser para cada um de nós; a cada dia, hoje e amanhã.

Valendo-se de suas experiências incríveis como um veículo, Capitão Coffee nos leva em última instância para a afirmação de que nós somos todos mais fortes e mais capazes do que nós nos damos crédito a nós mesmos, e que cada um de nós têm o potencial para sobreviver qualquer provação, para superar qualquer obstáculo, e alcançar qualquer meta. – personificando o poder do espírito humano para triunfar em cima da adversidade.

"Homem é o que ele acredita"

– Anton Checkhov

Não é o que acontece a você, é o que você faz com isto. Assumir a Responsabilidade pela Mudança é a mensagem que W. Mitchell compartilha hoje com audiências ao redor do mundo. É uma mensagem sobre renovação e Mitchell. Presidente e cofundador de uma companhia que fatura $65 milhões de dólares/ano a Vermont Castings, Inc., ex-prefeito e candidato ao congresso americano conta sobre as suas queimaduras que quase o levaram a morte e do acidente de avião que o deixou paralisado quatro anos depois.

Mitchell fala sobre Responsabilidade – Mudança – Renovação. Esse é o enfoque da sua notável mensagem sobre como as pessoas podem assumir a responsabilidade pelas mudanças e podem se repor em ação.

Mitchell nos mostra que é possível sair da cadeira de rodas mentais, fugindo das prisões da mente – nos mostrando como transformar derrotas em desafios e seus desafios em vitórias, que nós podemos alcançar nossas metas... que nós fazemos a diferença para nós e nosso tempo.

Todo livro religioso no planeta fala sobre o poder da fé e da convicção humana. Nossas convicções sobre o que nós somos e o que nós podemos ser determina o que nós seremos.

As religiões ao longo de toda a história da humanidade autorizaram milhões de pessoas e lhes deram força para fazer coisas que elas pensavam que elas não poderiam.

www.chartonbaggio.com

Rompendo Com As Barreiras

Todas as barreiras que nos são impostas como reais, não existem. Até mesmo o real pode ser derrotado por esforço e dedicação. No entanto, a maioria das pessoas podem ser sobrepujadas pelo esforço e pela vontade de cavar sua cova.

A idéia inteira atrás da caminhada pelo canteiro de brasas (uma dinâmica – metáfora – utilizada em meu seminário de três dias) é que se você pode caminhar por ele, você prova a você mesmo que você pode fazer qualquer coisa, que qualquer limitação são provavelmente auto-imposta em sua vida.

A caminhada sobre o canteiro de brasas é com toda certeza uma metáfora poderosa. É uma ilustração visível do poder qualquer um tem que enfrentar quando confrontado por uma barreira assustadora e descobrir que nisso não há nenhuma razão real para se temer coisa alguma.

Em muitas ocasiões pessoas que participaram de meu seminário me encontram em algum lugar, e como na maioria das vezes, não há como as conhecê-las, pois são muitas e muitas que passam por estes, no entanto isto não impede que me conheçam – um dia eu estava jogando boliche com amigos e uma jovem parou e disse – "Charton... Charton Baggio... não é mesmo?" eu confirmei e ela me fez lembrar de um programa de firewalking que ela havia participado e concluiu "Você ajudou a mudar a minha vida!" – e eu ganhei aquele dia, pois vi mais uma vez, que o que eu faço realmente cumpre minha visão definitiva, cumpre me propósito definitivo, minha identidade definitiva se confirmou e minha auto-estima se elevou mais uma vez. É muito gratificante ser reconhecido, e saber que você fez uma diferença na vida das pessoas, e mais, é muito gratificante saber que você conseguiu despertar o poder ilimitado que existe dentro das pessoas para que elas possam utilizá-lo para mudar as suas vidas, assim como eu o faço dia-a-dia.

Eu acredito firmemente que a maioria das barreiras são auto-impostas. Nós as obtemos primeiro da sociedade – você não pode fazer isso que é imoral, que está louco, que ninguém em nossa família faz e assim por diante. Mas nós esquecemos que nós temos o poder para aceitar ou rejeitar estas barreiras. Nós as tratamos como se elas fossem imóveis, imutáveis, quando, de fato, elas podem ser tolas, causando miséria desnecessária ou simplesmente são claramente inexistentes.

Posso ilustrar isto com um exemplo mais vívido: nos anos cinqüenta, foi amplamente aceito que ninguém nunca correria uma milha em menos de quatro minutos – isso era, simplesmente, algo que os seres humanos não eram capazes de fazer. Então, em 1954, um estudante de medicina chamado Roger Bannister correu em três minutos, cinqüenta nove segundos e quatro décimos. Um mês depois outro corredor o fez, um ano depois, já haviam umas cinqüenta pessoas quebrado a "barreira" dos quatro minutos. Hoje, atletas de escola secundária quebram este limite sem nenhum esforço. Bannister demonstrou que a barreira não era real, mas a coisa notável é que quaisquer uma dessas cinqüenta pessoas poderiam ter conseguido isto por elas mesmas. Elas não precisavam esperar por Bannister para lhes mostrar a falácia disto.

Eu comecei a usar o canteiro de brasas após eu mesmo ter passado pela experiência, já tinha lido sobre ele em livros, e ouvira falar de pessoas que tinham participado de cursos onde haviam passado pela experiência, assim, procurei uma delas e a modelei, e sem nunca ter participado de um curso formal de firewalking me comprometido junto a minha esposa e a meu filho que na virada do ano (que estava próximo) eu caminharia sobre um canteiro de brasas que seria para mim um marco da virada da vida que eu levava até então, para uma vida rica e próspera. Naquela época fomos passar as festas de final de ano junto com minha família, ao saber de meu intento todos me diziam para que não fizesse aquilo pois eu iria estragar as comemorações de todos por motivo das queimaduras que eu iria ter. No entanto eu estava realmente decidido que o faria e tinha a absoluta certeza de que o conseguiria. Preparei a fogueira e assim que as brasas estavam prontas as espalhei por um percurso de uns quatro metros, trousse minha esposa e pedi se ela também o faria, ela concordou, eu passei uns instantes em frente ao canteiro de brasas sentindo o intenso calor que emanava dele, preparei-me mentalmente, tirando toda e qualquer dúvida de meu ser, e num grito fui-me, e quando dei por mim estava do outro lado, sem nenhuma queimadura, havia vencido meus medos... então preparei mentalmente minha esposa porém ela precisava de um pouco mais de certeza, na verdade (apoio), assim eu peguei na sua mão e ambos cruzamos juntos – a emoção foi muito intensa, desde aquela época venho fazendo as pessoas atravessarem por esta experiência marcante e elas realmente me agradecem pelo que isto lhes proporciona.

Isto não quer dizer que todo obstáculo simplesmente pode ser "caminhou por cima" como aquele canteiro de brasas. Freqüentemente, são requeridos tremenda energia e trabalho duro, e o obstáculo pode precisar ser sobrepujado de certo modo que ninguém poderia ter adivinhado.

www.chartonbaggio.com

Não É O Que Acontece Com Você, É O Que Você Faz Com Isto...

Todos nós possuímos uma força interna ilimitada — um Gigante Interior. Em terminadas circunstâncias, alguns de nós temos que as usar mais do que outros...

"A vida é o que você faz dela", algumas pessoas dizem. Mas a maioria de nós realmente não acredita nisso. "Se...", você poderia dizer, "Se eu não fosse tão velho. Tão sem dinheiro. Se eu não tivesse que pagar minha hipoteca. Se eu tivesse menos pressão em meu trabalho. Uma família que me entendesse. Não há nada que eu posso fazer."

Um jovem com 28 anos de idade apaixonado por máquinas, belas garotas, e esportes de aventura, inclusive esquiar na neve, aviões e motocicletas – estas suas paixões em breve mudariam dramaticamente sua vida para sempre.

Um dia saltou na sua motocicleta e saiu para visitar sua namorada. Naquela manhã ele tinha feito o seu primeiro vôo solo em uma aeronave Ele estava trabalhando em um serviço que ele amava, com muitos amigos e bastante dinheiro. Ele estava montando numa Honda 750 novinha, comprada no dia anterior e estava satisfeito com sua vida.

No percurso ele não viu um caminhão de uma lavanderia que estava a sua frente havia feito uma parada inesperada. Num esforço para salvar sua vida, ele inclinou sua motocicleta numa derrapagem que deslizou para baixo do caminhão. A tampa do tanque de gasolina desatarraxou e o combustível começou a jorra para fora, e o pior aconteceu: o combustível se espalhou rapidamente e se incendiou, resultando numa bola de fogo de aproximadamente três metros de altura por quase dois de largura.

A vida dele provavelmente teria terminado aí mesmo, se não fosse um vendedor de carros que passava por perto e que pegou um extintor de incêndio e literalmente borrifou. A ambulância chegou minutos depois e o levaram para o Hospital. Ele tinha sofrido queimaduras horríveis em sessenta e cinco por cento do seu corpo dele e as suas chances de sobrevivência eram mínimas. O seu capacete dele tinha protegido sua cabeça, mas a maior parte de sua face e mãos estavam literalmente queimadas. Afortunadamente para ele, ele passou num coma profundo e, auxiliado por doses mássicas de medicamentos.

Os meses seguintes resultaram em extensas cirurgias plásticas. Os cirurgiões virtualmente reconstruíram sua face, mas até mesmo os melhores cirurgiões plásticos não puderam fazer muito. O resultado final do trabalho foi de retalhos de pele enxertada que uma vez fez com que um grupo de crianças saíssem correndo e gritando desesperadas, "monstro, monstro...".

Além de sua aparência física, todos os seus dedos das mãos tinham sido consumidos no acidente, restando-lhe apenas dois tocos onde existiam anteriormente suas mãos. As pessoas só podem tentar imaginar a dor e sentindo de desespero que ele deve ter sentido pelos próximos anos conforme ele tentava aprender a viver com as suas inaptidão e reconstruir algum tipo de vida para ele desesperadamente.

Ele recorda que inicialmente que a dor nas suas mãos era tão intensas que ele não podia nem mesmo deixar tocar uma brisa nelas. Ele estava virtualmente impotente e as tarefas relativamente simples como abrir uma porta parecia insuperável.

Provavelmente muitas pessoas enfrentassem uma dor e problemas como a dele, teriam desistido. Mas ele não era uma dessas pessoas que desistem facilmente. Apesar de sua aparentemente inaptidão opressiva, ele continuou e não só aprendeu a se ajustar aos problemas, mas devolveu de fato a habilidade para fazer a maioria das coisas ele fazia antes. E ele conseguiu até mesmo a voar num avião novamente.

Por causa de sua aparência, ele decidiu mudar-se para uma pequena cidade mineira. Ele usou parte do seu dinheiro que ganhou resultante do acidente para se estabelecer como comerciante. Ele também fez alguns investimentos em bens imóveis na área e eventualmente investia com amigos em um projeto para fabricar um novo tipo de combustível para fogão que lhe daria eventualmente um tremendo lucro.

Ele também fez nome na política. A sua luta ambiental próspera contra uma grande companhia mineira lhe deu uma identidade e popularidade local e ele se tornou Prefeito da cidade. Ele chegou até mesmo a concorrer para uma vaga no Congresso Americano e chegou muito perto de ser eleito. Ele tinha novamente uma vida que o satisfazia. Mas destino ainda não tinha terminado com ele.

Em sua recuperação ele voltou aos céus. Até mesmo sem seus dedos nas mãos, ele concluiu todos os treinamentos de piloto, e tirou seu brevê de piloto comercial. Isto lhe deu uma nova liberdade e lhe permitiu a voar sobre tudo, como Fernão-Capelo Gaivota. Assim, ele comprou o seu próprio avião – um Cessna 206, para transportar passageiros regularmente a vários destinos diferentes e assim ajudar a pagar as contas do seu combustível. Porém, logo ele iria aprender que o destino não tinha terminado com suas lições, contudo.

Numa manhã de novembro – cerca de quatro anos e alguns meses após o acidente com a motocicleta, ele estava se preparando para voar com três amigos para São Francisco. Era um vôo bastante rotineiro e ele já o tinha feito

www.chartonbaggio.com

incontáveis vezes antes. Esta manhã tinha estado nevando e estava extremamente frio.

Ele pensou que todo o gelo tinha derretido das asas. Infelizmente, ele estava errado. Taxiou até o fim da pista, e partiu para a decolagem. O avião estava levantando bem: 25 pés. 50 pés. A 75 pés, e ao aproximar-se dos 100 pés de altitude, algo aconteceu de errado... O avião não estava subindo tão depressa quanto devia.

Sem saber, as asas da aeronave ainda estava coberta por uma camada fina de gelo. Isto reduziu a taxa de velocidade de subida normal do avião. Diretamente à frente do avião, haviam pedras enormes. Ele teve que tomar uma decisão rápida e não havia nenhuma escolha, mas voltar para a pista assim que pudesse. Ele tentou conduzir o avião, mas este não obedeceu e caiu como uma pedra, batendo no solo de barriga sobre a pista e rompendo o tanque de combustível das asas que derramou por toda parte. Tudo o que ele pode pensar foi no fogo. Ele gritou a seus passageiros, "Saiam agora. Fora!" Eles abriram uma porta e conseguiram rastejar para fora.

Era sua vez de sair e ele tinha que se apressar. Quando tentou sair, seus pés pareciam presos sobre os pedais assim ele tentou os ergueu com mais força. Foi então que ele percebeu que ele não podia mover suas pernas, e a dor na parte de trás de suas costas o fez perceber que algo estava terrivelmente errado.

No hospital, o doutor lhe falou ele tinha esmagado a espinha dele e tinha paralisado da cintura para baixo. Ele seria limitado a uma cadeira de rodas para o resto da vida dele. Para um homem que tinha passado há pouco os últimos quatro anos da vida dele recuperando de inacreditavelmente danos devastadores, parecia justo muito agüentar.

Durante vários dias, os médicos fizeram todos os teste imagináveis. No terceiro dia, o neurocirurgião veio entregar a notícia dizendo que sua espinha tinha sido esmagada e que ele nunca mais poderá caminhar novamente. E, que teria que usar uma cadeira de rodas de agora em diante para poder se locomover. – seu nome W. Mitchell.

Ele pensou, "Por que eu? POR QUE eu!!! O que eu fiz para merecer esta queda de avião, este acidente de motocicleta?" E, deitado naquela cama de hospital ele desejava saber uma vez mais o que futuro poderia reservar possivelmente para ele.

Novamente, seus amigos o vieram lhe visitar. Telefonemas, cartas, e biscoitos chegaram de sua cidade. Um dia, quase quatro semanas depois do acidente, uma mulher jovem lhe chamou. Ela disse, "Mitchell, eu ouvi que você não está indo muito bem. Eu desejo saber se você se lembra quando eu tive alguns problemas, você me contou algo que eu nunca esquecerei. Você disse, não é o que acontece a você – é o que você faz sobre isto. Você ainda acredita, Mitchell?"

www.chartonbaggio.com

Ele odiou aquilo. Aquele conselho era para ela! E ele pediu para ela lhe deixar só; pois ele estava gostando de ser miserável!

Na manhã seguinte, quando as enfermeiras entraram em seu quarto, ele lhes pediu que lhe pusessem em uma cadeira de rodas. Ele odiou aquilo. Era impossível. Ele não podia fazer ela ir para os lugares que a apenas algumas semanas antes era tão fácil. Até mesmo se ele pudesse, ele poderia cair. Os objetos eram muito altos. O seu mundo inteiro estava cheio de obstáculos; cheio de impossibilidades.

Mas todas as manhãs, eles lhe repuseram na cadeira e o regressavam para o ginásio. Todas as manhãs, graças às enfermeiras, técnicos, voluntários, os amigos e, graças a ele, desapareceria outro obstáculo. Outra oportunidade apareceria. Diariamente, as coisas que antes tinham sido totalmente impossíveis pouco a pouco foram ficando menos impossíveis. E, diariamente, ele se odiava um pouco menos e aprendeu a se amar novamente, um pouco mais.

Porém, uma vez mais com coragem surpreendente e determinação, Mitchell conseguiu superar os seus problemas. Ele descobriu que o "Não é o que acontece. É o que você faz sobre isto" era realmente verdade. E, apesar das suas muitas inaptidões ele continua vivendo uma vida plena.

Assim, W. Mitchell vem ao longo dos anos após tais acontecimentos ensinando as pessoas a não pensar como uma pessoa comum. Ele mostrar que nada, absolutamente nada é absoluto. Sua vida é completamente o que você decide que ela seja. O universo começa em sua cabeça e se espalha para o mundo externo. A mudança que acontece em sua cabeça são as mudanças do universo.

Mitchell é sem dúvida um símbolo. Com sua face cicatrizada, sem dedos na mão, em cima de uma cadeira de rodas – e com uma real, genuína felicidade em seu coração – ele é sem sombra de dúvida uma imagem mental do poder da mente humana para transcender as circunstâncias. Como ele diz, "não é o que acontece com você, é o que você faz sobre isto".

Quando você se sentir afrontado por um obstáculo insuperável, pense neste homem. E, então diga a você mesmo, "Se ele pôde ter êxito, eu também posso."

Sobre que tipo de sucesso eu estou falando que ele têm? W. Mitchell se tornou um milionário, foi prefeito, membro de diversas diretorias, líder ambiental, uma personalidade da mídia, comentarista político, piloto comercial, locutor público internacional, entre outras...

Estas podem ou não, ser as suas medidas de sucesso, porém eu sei que tudo o que você quer, você pode alcançar como eu o tenho, e como este sujeito o tem. Você pode porque você não é diferente de mim, ou dele, acredite ou não.

www.chartonbaggio.com

Mitchell não tem qualquer poder especial, qualquer presente mágico de nascimento que lhe permitiu criar sua própria felicidade em face a tremendas tentativas. Ele não é mais forte ou mais inteligente que uma pessoa comum. Ele esta longe de sempre ser uma pessoa "santa". De fato, um dos segredos que ele compartilha é que sendo insistente, até mesmo antipático, nos momentos certos, foi crucial para seu.

A única diferença entre nós e ele, é que ele teve a boa fortuna para aprender alguns pontos importantes no caminho – tanto antes, quanto depois de seus danos – isso o ajudou imensuravelmente.

Todos nós somos santificados com uma força interna, enterrada em algum lugar dentro de nós. Como disse Albert Camus, "No meio do inverno, eu finalmente aprendi que havia em mim um verão invencível". Como Mitchell com sua face mutilada. Sem dedos. Numa cadeira de rodas. E mesmo assim um homem feliz. Um homem que teve todas as desculpas no mundo para ser miserável e as recusou a todas.

Outro exemplo extraordinário é o de um jovem de 18 anos chamado John Thompson, que estava na fazenda enquanto seus pais visitavam um amigo no hospital. Ele estava fazendo as suas tarefas que incluíam carregar grãos no celeiro. Ele se lembra de virar na verruma, um parafuso enorme dentro de um cilindro que leva os grãos para um silo. Uma ponta de sua camisa estava fora das calças e ele foi pego na verruma que começou a puxá-lo para dentro.

Ele resistiu, ele lutou, mas foi puxado mesmo assim. Ele não se lembra de muito mas ele foi girado cinco vezes e então foi lançado ao chão. Ele olhou ao para seu braço direito e viu que ele havia sido arrancado. Ele lutou aos seus pés e está lá, tremendo. Ele olhou para seu braço esquerdo e a maior parte dele tinha sido mutilada também. Porém ele não desistiu. Ele correu 400 metros colina acima até a sua casa. Com o pouco que sobrou de um dos seus braços, ele tentou e tentou abrir a porta de vidro corrediça novamente. Ele não pôde mas mais uma vez, ele se recusou a desistir. Ele correu para o lado da casa, rumo a uma porta lateral e conseguiu abrir a porta de tela; sem se lembrar como.

Uma vez dentro da cozinha, ele bateu no telefone para que o fone saísse do gancho e tentou apertar os botões com o seu nariz mas quando isso não funcionou, ele não desistiu. Ele deu uma olhada, achou um lápis, e o apanhou entre os seus dentes, e apertou botões no telefone com a borracha. Ele ligou para a casa de um primo, e quando o primo respondeu, ele gritou, "Aqui é o John! Procure ajuda, depressa, eu tive um acidente terrível!" Então, ele teve a presença mental para apanhar o fone com os seus dentes e desligar o telefone pois se lembrou que se não cortasse a conexão, o seu primo não poderia fazer uma ligação.

www.chartonbaggio.com

Então, John Thompson, cursando a escola secundária, com apenas 18 anos de idade, um jovem mediano que tinha notas Cs na escola e nunca tinha impressionado qualquer um com qualquer coisa especial, entrou no banheiro e se sentou na banheira de forma a não sangrar no tapete de sua mãe.

Quando os para-médicos retiraram a cortina do chuveiro, eles ficaram tão abalados que ele teve que os se tranqüilizar e lhes dizer onde os seus braços estavam e que havia gelo no refrigerador e sacos de lixo para os empacotar. Os seus braços foram re-implantados numa operação que durou seis horas. Quando, semanas depois um repórter lhe perguntou como se sentia sendo um herói, a pergunta pareceu lhe confundir. "Eu não sou nenhum herói ", disse ele sinceramente. "Eu fiz o que qualquer um teria feito".

Ele teve um ponto. Ele era e é um jovem regular que tem os mesmos recursos que qualquer um de nós também o tem. Assim como W. Mitchell o é um sujeito regular que tem os mesmos recursos que você ou eu o tem. Eles não são heróis, eles não são diferentes de você ou de mim. eles somente escolheram fazer o que eles precisavam fazer. Você também o pode.

www.chartonbaggio.com

Assuma a Responsabilidade Por Sua Vida

Quase todos nós nascemos com o mesmo equipamento. Mãos, olhos, orelhas, a habilidade para pensar e assim sucessivamente. Retifique, algumas pessoas são mais luminosas que outros mas a verdadeira pergunta na vida é, "O que nós vamos ver com este equipamento?"

Muitas pessoas dizem que há pessoas bastante especial, porém se você perguntar a estas pessoas consideradas "especiais", elas lhe dirão que acreditam que todos nós temos a habilidade para fazer o que elas fazem. Porém a grande maioria das pessoas muito freqüentemente, gastam suas vidas decidindo por que elas não podem fazer algo. Como disse Jonathan Swift, "Você não pode mudar a direção do vento mas você pode ajustar suas velas."

Todos nós temos a habilidade para tomar essas decisões importantes que podem mudar nossas vidas, de um modo grande ou um modo pequeno.

Por exemplo, é difícil de deixar de fumar. Eu até posso entender isso. Porém, o fato está em que fumar é um esforço muito consciente. Você tem que escolher fazer isto. Primeiramente, você tem que tomar uma decisão consciente para comprar os cigarros. Você tem que abrir o maço de cigarros então, pegar um, colocar entre os lábios, pegar uma caixa de fósforos (ou isqueiro), acendê-lo e começar a inalá-lo. As pessoas que fumam fazem uma escolha para fumar – ninguém as força a fazer isto.

Observe os atletas Olímpicos. Quantas escolhas eles tiveram que fazer antes deles poderem estar lá no alto do podium recebendo aquela medalha de ouro? Você não é um fracasso se você não faz isto. Você é um fracasso se você se permite ser limitado neste mundo pelas ações e convicções de outras pessoas. Nós devemos reconhece que somos nós que estamos no controle.

Foque No Que Você Pode Fazer

Muitos pedagogos usam o exemplo do bebê aprendendo a caminhar. Um bebê tenta caminhar milhões de vezes e fracassa milhões de vezes. O bebê não tem sucesso, bate sua cabeça, esmaga sua face, parece ridículo e é completamente

www.chartonbaggio.com

perigoso. De fato, o bebê falha e falha, se você escolhe chamar isto de "fracasso". Então, um dia, ele dará o seu primeiro passo. Não é nenhum fracasso é?

A coisa mais triste na vida é ver as pessoas que não fazem nada; ninguém faz tudo. Em vez das pessoas enfocarem no que elas podem fazer, elas enfocam naquilo que eles não podem fazer.

Mitchell costuma dizer que antes de seu acidente ele poderia fazer dez mil coisas. Agora ele posso fazer nove mil. Ele poderia gastar o resto de sua vida focando de vida nas nove mil coisas, ou ele poderia gastar nas mil coisas que eu não podia mais fazer. A escolha era dele – estava nele.

> "A principal causa do erro humano, são achadas nos preconceitos apanhados na infância".
>
> - Rene Descartes

Todos nós somos todos programados no nascimento. Como Anthony Robbins diz, quando nascemos, cada um de nós ganhamos um pequeno computador. Este está em branco. Então alguém o programa para nós, com programas "totalmente desprezível", "relações desagradáveis" – todos os tipos de mensagens incompatíveis. E, ninguém nos dá o manual do proprietário. Porém, todos nós podemos tomar a decisão para reprogramá-lo.

Nós podemos tomar a decisão para sermos responsáveis. A palavra chave é foco. Quando você assume a responsabilidade por sua vida, você leva esta responsabilidade para onde você for.

Você pode gastar sua vida inteira focando nos piores aspectos de sua vida se você escolher. Você quer gastar todo o seu tempo enfocando em quão ruim é sua relação, seu trabalho, sua aparência ou você quer enfocar em quão boa pode se tornar? Você quer apenas falar sobre como fumar é ruim, ou enfocará em como o ar fresco pode ser maravilhoso para a sua saúde?

Como diz o provérbio chinês, "A jornada mais longa começa com um único passo." Mudando um pequeno comportamento, você poderá fazer uma quantia enorme de diferença. Você também precisa de ferramentas. Todos nós temos as mesmas ferramentas; a diferença está em como nós escolhemos as usar.

Após a morte de Einstein, os pesquisadores fatiaram o seu cérebro para verem se este era diferente. O que descobriram foi que não havia nada de diferente de qualquer outro cérebro; a diferença é o que ele escolheu ver com este.

Um escritor escreveu uma vez que a vida é como um rio cheio de curvas. Ninguém sabe o que está após a próxima curva. No caso de Mitchell, era um caminhão de lavanderia. No de Thompson uma verruma. O que lhe estará esperando na próxima curva do rio de sua vida? Você está preparado, ou se

www.chartonbaggio.com

pegará a apenas dois metros das cascatas do Niágara, pego num pequeno bote sem remos?

A maioria das pessoas também possuem suas cicatrizes. Claro que, nem sempre estas são tão visíveis quanto as de W. Mitchell – talvez eles sejam cicatrizados causadas pelo abuso de seus pais ou causada por uma dislexia ou alguma outra doença invisível – mas isso não significa que elas não são reais ou que elas não podem aprender com alguém que superou as suas próprias, mais visíveis do que as suas cicatrizes.

"Quem É Você?"

Confiança vem de saber que nós somos e definir a habilidade e potencial que nós possuímos. Crescimento vem de pegar uma fraqueza e transformá-la em uma força.

Theodore Roosevelt era fisicamente fraco assim ele estabeleceu um programa de aptidão e força física como um recurso. Demóstenes tinha uma voz fraca assim ele se treinou a falar sobre o rugido do oceano com um bocado de plebeus e se tornou um dos maiores oradores de todos os tempos.

Escreva suas habilidades e talentos, seu nível de paixão, suas forças, o que o motiva, seus valores. Ache uma área de fraqueza e escreva como você a transformará em uma força.

"Amplie a Zona de Conforto"

Todo o mundo tem uma zona de conforto. Gastar R$ 50,00 em um par de sapatos pode ser confortável, mas R$ 150,00 não seria. Falar com os amigos em uma festa pode ser confortável, mas caminhar até um estranho não pode. Convidar um amigo para almoçar pode ser confortável, mas comer só não pode. Falar com um pequeno grupo pode ser confortável, mas falar em uma reunião não pode. Este mês, amplie sua zona de conforto. Faça uma lista de coisas que você fará. Selecione uma coisa por dia e faça.

Sua Lista	

Agora que você já sabe como atuar com paixão e controlar suas crenças para obter seus resultados, é hora de saber como fazer isto através do poder da...

www.chartonbaggio.com

A Disciplina da Estratégia

Seu Plano de Vida

Estratégia. Uma estratégia é seu plano de vida. O mapa da estrada que você usará para realizar suas metas, ambições e desejos.

Apenas acreditar que você pode ganhar R$100.000,00 por ano não é o bastante, você tem que projetar uma estratégia que dê sua direção de vida e o navegue para o sucesso. A chave para a estratégia é projetar uma estratégia formal para alcançar seu sucesso sem os desvios da vida, achar a menor distância entre dois pontos.

80% Psicológico, 20% Mecânico

Quando eu me refiro a mecânica, eu estou falando sobre executar uma estratégia comercial específica. Há alguma terminologia a qual se aprender, como também uma ação que você tem que entrar. Por exemplo, fazer uma ligação, preencher uma proposta, cultivar relações, etc., são todas estratégias mecânicas específicas, que um novato nesta área, pode estar subjugando. Estes são os 20% que são possíveis de serem apreendidos, assim como uma máquina de calcular. Os 80% psicológico – são suas associações para dor e prazer, suas convicções, sua identidade, etc., que uma vez transformadas, o propulsionará para o sucesso.

Uma vez que você tenha dominado conscientemente os 80% que são psicológicos, você achará um modo para dominar os 20% restantes que são mecânicos. O fracasso não é nada mais do que uma opção.

Por exemplo, as pessoas que já se tornaram médicos têm a psicologia necessária que os fez terminar a sua faculdade. Uma pessoa não vai para escola médica com muito dos 20% de suas habilidades mecânicas dominadas. Mas aqueles que se tornam médicos têm que ter um compromisso total e paixão, um rumo completamente motivador para fazer tudo o que for preciso para se tornar um médico. Não se tornar um doutor seriam muito dolorosos. Este é o mesmo modo que funciona com a abundância financeira. Se é muito doloroso não ter abundância financeira, você achará um modo.

O que é interessante, é que muitas pessoas possuem uma psicologia que está telegrafado exatamente o oposto – para elas TER muito dinheiro significa dor. Você não acreditaria no que as pessoas associam a ter dinheiro. Até que você elimine totalmente as suas convicções limitantes, como por exemplo, se você acredita que o sucesso financeiro significará sacrificar sua família, você não conseguirá alcançar o seu sucesso financeiro. Agora se isto significar dez vezes

www.chartonbaggio.com

mais paixão e magia com sua família, você poderá criar esta magia na sua vida e na de sua família. Saiba que **os sonhos que você tem para si e sua família são dependentes de você dominar suas finanças** e faça tudo o que for preciso para alcançar o seu sucesso financeiro. O único modo que você poderá falhar é por deixar de tentar.

Ache as pessoas que já alcançaram o que você quer. Leia livros. Vá a workshops e seminários. E, mergulhe totalmente com o resultado da tomada das convicções das pessoas que já tenham dominado a riqueza.

"Se as pessoas ao seu redor não o ouvirem, caia diante delas e implore o seu perdão, pois na verdade você é o culpado."

- Fyodor Dostoyevsky

"Mude Sua Fisiologia e Você Muda o Seu Sentimento"

Sente em uma cadeira e imagine que você esteja transtornado, nervoso, cansado, chateado ou deprimido. Se você quer se sentir pior então abaixe seu corpo para frente e enfoque em todas as coisas terríveis que aconteceram em sua vida. Se você quer se sentir acesso então se sente para trás, com os ombros para trás, respire profundamente e enfoque nas coisas positivas em sua vida. Se lembre, a única coisa que você tem controle é sua atitude.

Mude os Resultados... Entre Em Ação!

"O melhor modo de predizer o futuro é inventá-lo."

- Alan Kay

Para dar início a sua jornada rumo ao sucesso ilimitado, você necessita saber qual é o seu mapa atual, para isto, utilize a tabela abaixo, para revisar o ano que passou e circule as coisas que você precisa melhorar para que este ano você possa ser realmente poderoso:

www.chartonbaggio.com

Ter metas específicas	Parar de procrastinar	Expresser suas idéias	Tempo para divertir-se
Acabar com os tomadores de seu tempo	Novas habilidades	Tempo para a família	Disciplinar-se para economizar
Saúde	Dar feedback	Compromisso	Atitude
Decisão vs. Indecisão	Entrar em ação	Focar nas soluções	Responder vs. Reagir

Agora, para cada um dos itens circulados, escreva duas ações que você fará desde já.

_____
_____
_____
_____
_____
_____
_____
_____
_____
_____
_____
_____
_____
_____
_____
_____
_____
_____

A vida não é nenhum passeio, você conhece pessoas que perderam a sua vida num momento mágico? Você conhece pessoas que não conhecem o que elas querem e assim elas continuam sobrevivendo ano a ano? Você conhece pessoas que na hora da morte lamentaram as coisas que elas nunca se permitiram fazer? Aquelas **pessoas que são consideradas líderes sabem o que eles querem.** Comece o seu ano fazendo uma lista de 25 coisas que queira fazer, ter, ou realizar este ano. Seja corajoso. É sua vida.

www.chartonbaggio.com

Pegue um gravador de fita cassete e faça a seguinte pergunta em voz alta, "O que eu quero de minha vida?" Diga a primeira coisa que vier a sua mente. Então repita a pergunta e diga a primeira coisa que vem a você. Repita este processo usando todos os 60 minutos de sua fita cassete. Você pode fazer isto em casa ou pode levar seu gravador de bolso para poder usar durante o dia.

A seguir, transcreva tudo o que você disse na fita, e circule as coisas que você fará ainda este ano.

www.chartonbaggio.com

Delegue.

O que você está fazendo agora que seus subordinados poderiam estar fazendo?

- Não contribua com conversações que não levam a lugar algum.
- Se levante quando você falar ao telefone.
- Gaste menos tempo executando tarefas rotineiras (mantendo registro, trabalho repetitivo, manutenção, respondendo a pedidos).
- Use a tecnologia... delegue...
- 3 vezes por dia se pergunte: Este é o melhor uso de meu tempo?

www.chartonbaggio.com

Treine, autorize, delegue. Pessoas que têm medo de se substituir não são líderes. Isto é verdade desde o serviço doméstico até as posições de trabalho. É chamado segurança do trabalho. Líderes sabem o segredo de que não há nenhuma tal coisa como segurança do trabalho. Se substituídos, eles têm a energia e criatividade para se expandir e crescer. Quantas pessoas você treinou e delegou o ano passado?

- Decida que áreas de responsabilidade que você pode delegar agora neste ano.
- Decida que coisas novas você estará livre para fazer quando isto acontecer.
- Escreva um plano com uma armação de tempo e estratégias que você começará imediatamente.

Concentração.

Aqui é onde uma mente treinada escala as alturas da realização, cinqüenta se rendem depois de alguns anos e decidem retomar a uma existência comum porque eles não se concentram... Tudo o que você precisa, é se concentrar na meta com determinação até a meta ser percebida.

Auto-Disciplina

"AUTO-DISCIPLINA É A HABILIDADE PARA PLANEJAR E ORGANIZAR O TRABALHO E O TEMPO PORQUE OS FARÁ MELHOR" pois os seguidores precisam de alguém para lhes diga ou os force a fazer algo. Líderes são os seus próprios mestres. Eles fazem isto porque eles fazem melhor.

Coloque seu despertador para despertar 30 minutos mais cedo e planeje o melhor modo para investir seu tempo neste dia.

- Separe uma hora a cada dia para fazer exercício físico.
- Terminar o que você começou.
- Leia apenas uma vez por dia os seus e-mails.
- Faça o trabalho prioritário primeiro. Enfoque naquilo que apóia as suas metas.
- Trabalhe com intensidade emocional. Ignore as distrações.
- Pare os seus os problemas. Enfoque nas soluções.

www.chartonbaggio.com

"Eu patino para onde o puck vai estar, não onde ele está."

- Wayne Gretsky

Time ou Multidão

"Amadores competem para ganhar sobre os seus competidores. Profissionais competem para ganhar sobre eles."

- Gerhard Gschwandtner

Líderes demonstram características que os permitem melhorar continuamente e ser o melhor entre os melhores. Este exercício é projetado para você ter enfoque em uma área em sua posição que você quer ser o melhor até mesmo a fazer. Dê uma cópia do que você fará a uma pessoa de seu time ou supervisor. Entre em ação durante 3 semanas e então ambos avaliam o que melhorou. Faça um novo plano de ação e leve a cabo durante outras 3 semanas.

1. Circule a categoria que você enfocará em melhorar durante as próximas 3 semanas:

    Atitude – Interrupção – Delegar – Completar

    Projeto – Planificação – Devolver chamadas

    Feedback – Pontualidade – Reuniões

2. Passos de ação contínua que eu darei:
    a. _____
    b. _____
    c. _____
    d. _____
    e. _____
    f. _____
    g. _____

www.chartonbaggio.com

h. _____
i. _____

Um time é um grupo de pessoas com habilidade cortês que são comprometidas com um propósito comum, metas de desempenho, e plano de ação para a qual eles se mantêm mutuamente responsáveis. Sem um propósito comum, o grupo de pessoas é simplesmente uma multidão. Isto é tanto verdadeiro para o trabalho, organizações profissionais, e família.

1. Qual é o propósito comum de seu time de trabalho durante os próximos 30 dias? Quais são as 2 metas e seu plano de ação? (Por exemplo: O **Propósito** é completar o projeto. A **Meta 1** é todos os dados digitados por ____. A **Meta 2** é o trabalho gráfico completado por _____. O **Plano de Ação**: A Maria ligará para 3 locais para verificar dados; João ligará para o vendedor, etc.)

2. Qual é o propósito comum de sua organização durante os próximos 30 dias? Quais são as 2 metas e o plano de ação? (Por exemplo: O **Propósito** é ampliar a sociedade. A **Meta 1** é contratar 10 pessoas novas, etc. O **Plano de Ação** é __)

3. Qual é o propósito comum de sua família durante os próximos 30 dias? Quais são as 2 metas e o plano de ação? (Por exemplo: O **Propósito** é aprendermos juntos continuamente coisas novas. A **Meta 1** é aprender sobre pedras. O **Plano de Ação**: criar uma biblioteca de livros sobre pedras nesta área; visitar museus; viajar pelo sertão)

"AS PESSOAS podem ESQUECER o que VOCÊ DIZ. AS PESSOAS podem ESQUECER o que VOCÊ FEZ. MAS AS PESSOAS NUNCA ESQUECERÃO COMO VOCÊ LHES FEZ SENTIR." Reconheça o desempenho positivo do trabalho. Faça uma lista das pessoas com as quais você trabalha. Depois do nome delas, escreva o que elas estão fazendo bem e de que modo você as reconhecerá visualmente, auditivamente ou cinestesicamente. Reconheça o desempenho positivo em casa. Quando nós só enfocamos no que está errado, nós perdemos o que é certo. Quando nós só reconhecemos comportamentos negativos, estes aumentarão.

Decisões

"DECIDIR NÃO DECIDIR É UMA DECISÃO;
NÃO DECIDIR É UM FRACASSO."

- Gen. George Patton

Que decisões você evitou fazer? Identifique uma coisa em cada uma das seguintes categorias onde uma decisão precisa de ser feita.

CARREIRA: _____

RELAÇÃO: _____

SAÚDE: _____

FINANCEIRO: _____

Uma vez que uma decisão foi tomada, os líderes entram em ação. Identifique quais ações você entrará em cada área e quando você as fará.

_____
_____
_____
_____
_____
_____
_____
_____
_____
_____
_____
_____
_____
_____
_____
_____
_____
_____
_____
_____

"EFETIVIDADE É FAZER A COISA CERTA, CONSIDERANDO QUE EFICIÊNCIA É FAZER AS COISAS CORRETAMENTE."

- Daniel Stamp

Reuniões não produtivas são parasitas do tempo. Este é o resultado de começar e terminar tarde e não ter nenhum propósito para a reunião, não ter nenhum programa de trabalho, demorar sobre qualquer decisão e falta de seguimento e feedback depois da reunião.

www.chartonbaggio.com

Reuniões poderosas começam na hora certa e terminam na hora certa e tem objetivos específicos para cada assunto no programa de trabalho. Um plano de ação de seguimento é dado a cada pessoa ao término da reunião que declare o que será feito, quem fará isto, e quando é devido.

Crie um plano de ação para melhorar suas reuniões. Por exemplo, as pessoas chegam continuamente tarde? As reuniões terminam tarde?

Os clientes com que nós trabalhamos em nossos seminários empresariais customizados implementaram celebrar algumas reuniões onde todo o mundo resistia. Agora as reuniões são menores e eles se propõem a concluir em menos tempo. Um grupo tinha duas pessoas que sempre chegavam atrasadas às reuniões. Eles implementaram um sistema de feedback gravando a reunião. A fita era dada às pessoas que chegavam tarde. O seu trabalho era escutar à fita, resumir os resultados da reunião, e enviar o resumo aos participantes.

1. O que precisa ser mudado para melhorar as suas reuniões?

2. Quais são alguns modos criativos para implementar as mudanças?

3. Que passos devem ser dados imediatamente?

www.chartonbaggio.com

> "UM DAS COISAS AGRADÁVEIS SOBRE OS PROBLEMAS É QUE MUITOS DELES NÃO EXISTEM EXCETO EM NOSSA PRÓPRIA MENTE."
>
> - Steve Allen

Identifique agora mesmo um problema ao qual você esteja preso. Mude o modo habitual que você se aproxima do problema, e você terá perspicácias novas para soluções.

1. Como você explicaria este problema para uma criança de 5 anos?
2. Como iria um líder de seu segmento olhar para este problema e resolvê-lo?
3. Imagine agora que já se passaram um ano. Como o problema foi conduzido?

O Corpo Vs. Prestar Atenção

> "AGORA SE VOCÊ VAI GANHAR QUALQUER BATALHA VOCÊ TEM QUE FAZER UMA COISA. VOCÊ TEM QUE FAZER A MENTE CORRER O CORPO. NUNCA DEIXE O CORPO CONTAR PARA A MENTE O QUE FAZER."
>
> - George S. Patton

As pessoas de perdem a batalha de perder peso quando o corpo diz, "Eu quero um sundae de chocolate Agora" e a mente não diz NÃO. As pessoas perdem a batalha contra o medo quando o corpo diz, "Não há nenhum modo de eu fazer isto" e a mente não diz "nós faremos isto." As pessoas perdem a batalha de uma vida completamente vibrante quando o corpo decide que está muito cansado ou não se sente bem o bastante para participar. Decida ser o líder em sua vida em vez de ser conduzido pelo seu corpo.

1. Escreva abaixo durante os próximos 4 dias todas as vezes você deixar seu corpo e emoções conduzirem sua vida.

www.chartonbaggio.com

2. Note com que freqüência você diz: "Eu estou cansado para ___." (trabalhar, me exercitar, sair, etc.)
3. Note que oportunidades e atividades você conseguiu evitar.
4. Depois de 4 dias, você ficará consciente quando isto acontecer. Deixe sua mente assumir o comando.

"VOCÊ TEM QUE QUERER ESTAR NO COMANDO. VOCÊ TEM QUE TER UMA PAIXÃO PARA TER SUCESSO – UMA PAIXÃO QUE O CONDUZA..." do livro: 'Segredos de Liderança de Átila o Huno'. Você deve estar disposto a aprender e crescer em suas habilidades para executar os deveres de seu trabalho.

1. Onde eu aceito a mediocridade em minha vida é _____
2. As possibilidades que eu vejo para mim são _____
3. O que eu farei agora para superar-me é _____

"VOCÊ FAZ O QUE VOCÊ TEM MEDO DE FAZER. QUANDO VOCÊ FOGE É PORQUE VOCÊ TEM MEDO DE FAZER ALGO GRANDE, VOCÊ PERDE A OPORTUNIDADE."

Onde você está permitindo temer que o prende? Selecione uma área e remova o medo.

1. Comunicação em Público:

    Reuniões de grupo. Eu vou _____

    Ir para o escritório de uma organização ou governo. Eu vou _____

    Fazer apresentações para clientes. Eu vou _____

2. Vendas:

    Pedir maiores pedidos. Eu vou _____

    Partir rumo a contas maiores. Eu vou _____

    Expandir em novos mercados. Eu vou _____

3. Habilidades:

    Assumir um projeto maior no trabalho. Eu vou _____

    Fazer um curso ou um grau avançado. Eu vou _____

    Começar um novo negócio. Eu vou _____

4. Pessoal: Eu vou _____

www.chartonbaggio.com

Eu Sou Um Líder?

"SER PODEROSA É COMO SER UMA SENHORA. SE VOCÊ TEM QUE FALAR PARA AS PESSOAS QUE VOCÊ É, VOCÊ NÃO SERÁ."

– Margaret Thatcher

Você se candidata como um líder? Como suas ações refletem a liderança? Revise os últimos 6 meses quando responder estas perguntas.

1. Quais são as coisas positivas que você fez para causar movimento a frente para suas metas?

_____
_____
_____
_____
_____
_____
_____

2. De que maneira você evitou ser poderoso?

_____
_____
_____
_____
_____
_____
_____

3. Em que situações você precisa ser mais poderoso?

_____
_____
_____
_____
_____
_____
_____

www.chartonbaggio.com

4. Quais são os 5 modos que você melhorará?
___
___
___
___
___
___
___

"LIDERANÇA É A ARTE DE REALIZAR MAIS QUE A CIÊNCIA DA ADMINISTRAÇÃO DIZ SER POSSÍVEL."

– Colin Powell

Obtenha coisas feitas mais depressa. Uma vez por semana se faça esta pergunta: "Se eu tivesse que deixar a cidade amanhã durante um mês, quais são as três coisas que eu precisaria completar?" Escreva as três abaixo e então as faça.

___
___
___
___
___
___
___

"SÓ A EDUCADO É GRÁTIS."

– Epíteto

1. Escreva os cursos você contemplou durante os últimos dois anos.
___
___
___
___
___
___

2. Escreva os cursos que lhe darão mais perícias em seu campo ou começar um novo.

_____
_____
_____
_____
_____
_____
_____

3. Priorize a lista 1 & 2 em ordem de importância para você.
4. Entre em ação para se matricular na primeira escolha até o final do mês.
5. Vá para a biblioteca ou uma livraria e selecione 2 livros que aumentarão sua educação.
6. Escute a fitas no carro ou quando estiver se exercitando, isso aumentará seu conhecimento.
7. Selecione um mentor no trabalho. Aprenda o que eles fazem e como você pode incorporar isto.
8. Envolva a família toda em uma atividade de aprendizagem.

"EU SOU UM LÍDER! O REAL ATO DA DESCOBERTA NÃO CONSISTE EM DESCOBRIR NOVAS TERRAS MAS VÊ-LAS COM NOVOS OLHOS."

- Marcel Proust

Líderes entendem que idéias novas ampliam a sua perspectiva. Eles mantêm as suas mentes abertas para as mudanças que estão acontecendo e como estas afetarão os seus negócios e vidas pessoais.

1. Semanalmente, leia pelo menos um jornal de outro estado e um jornal internacional.
2. Escute a estações de rádio diferentes e assista a noticiários e jornais diferentes.
3. Coma em restaurantes novos pela cidade e esteja atento as mudanças que acontecem na comunidade.

www.chartonbaggio.com

4. Pesquise outras companhias e instituições que estão sendo prósperas naquilo que você poderia fazer.
5. Entre num curso que estimule sua criatividade.

"OUSAR A PENSAR GRANDE E PENSAR GRANDE ATRAI GRANDES RESULTADOS." Pensamento medíocre atrai uma vida medíocre. Amanhã, compre um diário. Escreva pelo menos 100 metas para o final do mês. Escreva coisas que você quer fazer e ter, lugares que você quer ver, pessoas que você quer se encontrar, etc. Continue acrescentando à sua lista. Separe as metas que você quer alcançar. Lembre-se, "muita coisa boa é maravilhoso!"

Aprendendo Novas Habilidades

"NÃO PERGUNTE O QUE SEUS COLEGAS DE TIME PODEM FAZER POR VOCÊ, PERGUNTE O QUE VOCÊ PODE FAZER PARA SEUS COLEGAS DE TIME."

– Magic Johnson

Imagine um negócio onde as pessoas não compartilhem o seu conhecimento ou habilidades porque eles querem ser o único que podem fazer isto. Imagine o mesmo negócio com um programa de mentoring e membros de time que funcionem como coaches. Quando as pessoas em uma organização crescem, a companhia cresce.

Para implementar esta idéia, programe um fato para se encontrarem. Usando um quadro ou flipchart, liste o nome de cada membro do time um abaixo do outro. Passe para o grupo e peça para cada pessoa que identifique uma habilidade que ele/ela é muito competente em fazer e estaria disposto a ensinar para outro os outros membros do time a fazer. Após as habilidades serem listadas, os membros do time põem em seus nomes duas habilidades que eles querem aprender. Você precisará fazer um *brainstorming* e de tempo para fazer isto.

EMPARELHE AS HABILIDADES DOS NOMES DOS MEMBROS A SER ENSINADA QUE QUEREM APRENDER "DELEGUE... DELEGUE... DELEGUE".

Liderança é classificada como aquilo que os líderes enfocam para utilizar o seu tempo e identificar os seus deveres mais importantes. Eles não pensam que eles têm que fazer tudo eles mesmos. Eles também identificam quais deveres eles podem delegar nas suas vidas pessoais que os liberem para ter mais diversão e tempo de qualidade com a família e amigos.

Como você deve começar? Durante duas semanas, registre o que você faz a cada dia. Monte uma linha de tempo do tempo das atividades desde que você desperta até a hora de dormir. Analise esta informação para determinar o trabalho que você está fazendo que seu pessoal poderia fazer tão bem da mesma maneira. Então analise que atividades você faz fora do trabalho que você poderia contratar outra pessoa para fazer.

www.chartonbaggio.com

"SE ALGUÉM ESTÁ FAZENDO UM BOM TRABALHO... LHES DIGA!"

Liderança é classificada pelo pensar nas pessoas que realmente o ajudaram na semana passada e dizer obrigado pela sua ajuda. Aqui estão algumas idéias. Envie um fax, e-mail, ou telefone lhe agradeça pelo: -- seu tempo extra -- sua atitude maravilhosa -- sua coragem -- sua integridade -- sua ação rápida -- apoio de seus EXECUTIVOS.

Quando lhe apresentarem problemas:

1. Cada pessoa que apresenta um problema para você também tem que dar duas soluções.
2. Identifique um problema que você quer resolver e então envie um memorando pedindo soluções.
3. Comece o dia resolvendo um problema. Escreva o problema e todas as soluções que você pensa durante 3 dias.

Dirigindo Seu Empreendimento

As pessoas em sua organização ou departamento sabem a direção que você as está levando?

1. Responda as seguintes perguntas: O que representa esta organização? Onde esta a organização? Está entrando no mercado? Qual é a minha função?
2. Peça para cada empregado que responda as mesmas perguntas.
3. Você saberá as suas respostas se eles estão certos sobre a direção.

PENSAR É CRIAR

O que você poderia dizer para convencer os outros que você está desenvolvendo sua criatividade? Alguma idéia para isto é se perguntar como alguém de uma profissão diferente dirigiria uma situação ou projeto. Imagine que você tem um caráter imaginário como o do Capitão Picard de Jornada nas Estrelas e se pergunte como ele motivaria os outros.

"MUDE SEU PENSAMENTO E VOCÊ MUDARÁ SEUS RESULTADOS"

Procrastinação é esperando até o último minuto para conhecer o prazo final. A palavra 'prazo final' não é uma imagem positiva. Por que alguém iria querer se apressar para estar morto? Não é maravilhoso que nós procrastinemos toda vez nos determinam um prazo final? Substitua a palavra 'prazo final' por 'data designada'.

www.chartonbaggio.com

"TODOS OS VERDADEIROS LÍDERES TÊM TRÊS CARACTERÍSTICAS DOURADAS: SENSO DE VISÃO DO SELF... TOMAR DECISÕES, SER OU NÃO POPULAR."

Liderança é classificada como as qualidades que fazem um bom líder em sua organização e departamento? Construa um perfil de liderança listando estas qualidades e uma escala de avaliação. Use este perfil para auto-avaliação e avaliação do time (um ao outro).

Qualidades de Liderança	Baixa 1 2 3 4 5 6 7 8 9 10 Alta
Tem uma declaração da missão e visão	Baixa 1 2 3 4 5 6 7 8 9 10 Alta
Marca através do exemplo	Baixa 1 2 3 4 5 6 7 8 9 10 Alta
Dá feedback imediatamente	Baixa 1 2 3 4 5 6 7 8 9 10 Alta
Aceita responsabilidade	Baixa 1 2 3 4 5 6 7 8 9 10 Alta
Orientado a solução	Baixa 1 2 3 4 5 6 7 8 9 10 Alta
Leva a cabo	Baixa 1 2 3 4 5 6 7 8 9 10 Alta
Envolve os outros	Baixa 1 2 3 4 5 6 7 8 9 10 Alta

Quem, melhor que você, pode determinar o que é melhor para suas necessidades específicas?

Todo executivo, supervisor, gerente, e membro de time em sua organização têm qualidades de liderança. Porém, a habilidade de cada pessoa para executar e avançar dentro do seu departamento, ou área específica de responsabilidade, é relacionado diretamente ao grau que estas habilidades são desenvolvidas.

Construindo Uma Cultura de Desempenho Máximo

Nacionalmente e internacionalmente, cada vez mais companhias estão competindo para capturar uma parte maior do seu mercado empresarial. Os clientes de hoje colocam demandas sem precedentes em seu negócio. Eles exigem produtos sem igual e excitantes e atendimento ao consumidor insuperável. Adicionalmente, os gerentes hoje estão face um tipo diferente de mão-de-obra. Neste clima de negócio você ganhará ou perderá a sua competição baseado no desempenho de seu pessoal. Seu time tem que executar a níveis de cume para que sua companhia permaneça competitiva. Desempenho aceitável não é mais aceitável. De fato, as companhias que aceitam "desempenho de aceitável" não poderão competir neste novo milênio.

O que é desempenho de cume?

Imagine um ambiente de trabalho onde todo o mundo excede as expectativas de seus clientes. Onde todo o mundo é conhecido por responder com uma sensação de urgência ao cliente e pedidos dos membros do time. Imagine todo o mundo em seu time executando diariamente a níveis de cume.

A fundação de todo o desempenho de cume é esforço de livre arbítrio – a quantia máxima de cuidado e esforço que uma pessoa pode trazer à sua posição -- é o "escolher fazer" vs. o "separar o trabalho". São os atos de arbítrio dos empregados que constituem uma cultura de desempenho de cume em sua organização. A contribuição mais importante de seus empregados está em fazer a sua companhia, está sendo feito com seu arbítrio – eles fazem isto porque eles querem, não porque eles têm. Esta é a marca de uma cultura de desempenho.

Enquanto a administração pode controlar o desempenho aceitável, exige da liderança liberar o esforço de distinção de seu time! A autoridade pode produzir desempenho aceitável, mas apenas o compromisso e a lealdade – inspiradas através da liderança produz desempenho de cume.

O Vínculo da Liderança

É esperado dos gerentes criar visão e enfocar os seus times para executar a níveis mais altos. Eles têm que avançar o esforço extra necessário para melhorar a produtividade, o desempenho e o lucro. Ter sucesso nos negócios hoje, requer liderança efetiva em todos os níveis da organização.

Quando companhias experimentam um "buraco" de liderança elas não podem desenvolver uma cultura de desempenho. Ao invés, os empregados operam a níveis aceitáveis mínimos porque eles não têm compromisso com o seu trabalho ou com a organização. O Esforço de Arbítrio é requerido para o desempenho de cume.

Nós vivemos num tempo de mudança e desafio. Nós precisamos poder responder criativamente e depressa para aumentar o ambiente e nosso próprio potencial, e assim, ter uma organização onde todo o mundo executa a níveis de cume na perseguição da excelência.

Há três níveis de proficiência de trabalho -- **Excelente, Bom,** e **Pobre** -- e cada um deles possui suas próprias recompensas. Se você faz um trabalho Excelente, você não adquire recompensas Excelentes; você adquire apenas recompensas Boas. Se você faz um trabalho Bom, você adquire recompensas Pobres. Se você faz um trabalho Pobre, você é despedido. O único modo para adquirir recompensas Excelentes é fazer um trabalho Excelente. Em uma escala de 1 a 10, 1 é Pobre, 10 é Ótimo, mas Excelente é 12. Nós não devemos nos conformar com nada menos que Excelente. E sempre há outro nível de Excelência.

Os eventos em sua vida não contam tanto quanto as decisões que você toma sobre eles. Assuma a responsabilidade por tudo o que acontece em sua vida. Há pessoas que explicam que a razão do por que eles não podem fazer nada com as suas vidas é que eles tem a síndrome crônica de fadiga ou uma enxaqueca. Christopher Reeve que é paralisado do pescoço para abaixo e que respira usando um respirador artificial, se imagina que é fisicamente e emocionalmente capaz. O ponto é, se ele pode lidar com adversidade, por que não você?

Excelência Financeira

Muitas pessoas usam a metáfora para a área de suas finanças como um jogo de Monopólio (Banco Imobiliário) onde o rico possui todas as propriedades e toda vez que alguém para num campo seu (propriedade), a classe média (os pobres) tem que pagar.

Esta metáfora geralmente deixa uma impressão nestas pessoas (como todas as metáforas o fazem). Minha metáfora é um pouco diferente. Eu acredito que eu estou aqui pelo desígnio de Deus, e que toda a abundância material foram postos aqui para as pessoas não só desfrutarem, mas enriquecer as suas vidas. Por que Deus poria riquezas materiais aqui se não para as pessoas as usarem e desfrutarem-se delas? Eu também acredito que o dinheiro é uma medida de quanto valor eu somei constantemente às vidas de outras pessoas. A metáfora do jogo Monopólio parando numa propriedade implica uma psicologia de tomada. Minha psicologia é de dar. O modo para se tornar além rico seja qualquer coisa você imaginou não está se tornando uma realidade pois deve-se migrar do tomador para se tornar um doador.

É possível se ter uma riqueza realmente fenomenal hoje? Uma pessoa poderia ser realmente uma anomalia como Gates? Isto realmente é possível? Eu acredito que sim! Em 1996, por exemplo, um empregado da Microsoft ganhou mais de um milhão de dólares. E este não era ninguém de tão importante para Bill Gates. Há mais bilionários hoje do que nunca. Com a economia global que nos relacionamos tão próximo, é hoje possível prover valor para uma população de aparentemente 5 bilhões de pessoas! Nós estamos entrando em uma era de progresso político e tecnológico que é sem precedentes na história de nosso planeta.

www.chartonbaggio.com

Faça uma experiência. Pare durante um segundo, e imagine que você é rico além de seus sonhos. Feche seus olhos e faça uma respiração profunda, então os abra e sinta-se como se você fosse um bilionário. Como você respiraria se você tivesse total abundância financeira? Como você se sentaria? Como se sentiria por saber que você têm total abundância financeira em sua vida? Que emoções você teria em uma base regular? Que emoções você raramente teria? Quem você seria como uma pessoa? Como isso lhe faz sentir?

Entenda que as pessoas não querem o dinheiro – elas querem os sentimentos que dinheiro lhes dará. Segurança, liberdade, excitação, contribuição, conexão, significado, etc. Estes são todos os estados justos. Eu lhe sugiro seguramente que você experimente estes estados. De fato, qualquer estado que Bill Gates experimenta, ele os experimentou bem. Todos os recursos que você precisa experimentar estão disponíveis para você através de seu estado e que pode ativá-los agora mesmo em você.

E não é exatamente isto que sua vida realmente é, uma série cumulativa de estados emocionais que você experimenta em uma base consistente? Você sempre se sente feliz? Claro que você o faz. Então, por que você não se sente feliz todo o tempo? Porque você criou regras arbitrárias que lhe falam quando você pode estar contente. As regras de algumas pessoas envolvem se o seu time de futebol marca o gol da vitória em uma partida ou não. As pessoas têm regras que lhes diz o que supor para saberem que elas estão infelizes. Então há milhares de pessoas em cidades diferentes cujas regras são o oposto exato um do outro – todos dependendo se um sujeito marca um gol ou não.

O mesmo tipo de regras arbitrárias se aplicam em como as pessoas se sentem em relação ao dinheiro. Eu lhe garanto que não há nenhum sentimento que dinheiro lhe dará que você não pode sentir agora mesmo.

Ou talvez você pensa que o dinheiro eliminará seus estados negativos? De jeito nenhum. Eu seguramente posso lhe dizer que você pode propor uma lista de pessoas ricas que nunca aprenderam a controlar o seu estados, as pessoas gostam de John Belushi, John Candy, Chris Farley, Marilyn Monroe, Elvis Presley, Liz Alfaiate, Elis Regina, Cássia Eller, etc. Com mais dinheiro que a maioria das pessoas sempre sonhe em ter, estas pessoas ainda olharam para outros veículos externos para controlar os seus estados.

A abundância a qual eu acredito começa com o que acontece agora mesmo dentro de você. A habilidade para se sentir feliz por ouvir a sua canção favorita é um presente. A habilidade para sentir um esmagador agradecimento por assistir um pôr-do-sol como um presente. A habilidade para produzir outro ser humano fazendo algo que sente extático é um presente! Olhar nos olhos de um estranho conforme você lhes fala que você se preocupa com eles, e sentir aquela conexão que você sabe que transformará as suas vidas, estará enriquecendo mais do que qualquer quantia de dinheiro. Todos os dias eu sei que tudo do que eu preciso está agora mesmo dentro de mim.

Meus programas de treinamento como Poder Ilimitado, Desperte Seu Gigante Interior, Encontro Com o Destino entre outros ajudam-me a ampliar meu modelo do mundo. Eu associei prazer total e realização por estar ministrando-os e visualizo como eu poderia fazer uma diferença nas vidas de um número volumoso das pessoas. Eu associei dor total, opressiva então por não dominar minhas finanças e saber que não faria nenhum significado eu desperdiçar os momentos preciosos de compartilhar com as pessoas o que eu fui determinado a fazer.

Eu faço do ter total abundância financeira tão real em minha mente que penso em não ter isto seria grandiosamente doloroso. Eu penso em todas as crianças em orfanatos que vivem em condições que você não quereria que seu cachorro vivesse, e eu percebi que a única coisa que estava mantendo uma dessas crianças nessas condições era meu fracasso para galgar um patamar superior e dominar esta área de minha vida. Assim, eu tomei uma decisão de criar a Fundação Charton Baggio, que tem diversos programas sociais o qual tratarei na parte final deste livro.

Quais seriam minhas alternativas? Se conformar com o conforto de mediocridade gostando do que eu fiz para a minha vida? Racionalizar minha falta de ação repetindo todas asses convicções degradantes que eu tinha? Em hipótese alguma. Ser qualquer coisa menos do que eu posso ser, ou fazer qualquer coisa menos do que eu sou capaz, seria um desserviço para comigo mesmo, meu Criador, minha família, meus amigos, e para todas as pessoas eu tenho o privilégio de tocar.

www.chartonbaggio.com

Uma História de Fracassos e Sucesso Absoluto

Em 1938, Soichiro Honda ainda estava na escola de mecânica de automóvel, a Hamamatsu School de Tecnologia, quando começou a desenvolver o conceito do anel de pistão, com o plano de vender a idéia para a Toyota. Ele trabalhou noite e dia, até mesmo dormiu na oficina e sempre acreditando que poderia aperfeiçoar seu desenho e que poderia produzir um produto merecedor, chegando até a penhorar as jóias de sua esposa para ter capital para continuar trabalhando.

Quando ele concluiu o anel de pistão e levou uma amostra para a Toyota, se deparou com a rejeição desta sobre seu intento, pois disseram que este não satisfaziam os padrões da companhia! Soichiro voltou a escola e foi ridicularizado pelos engenheiros que riram do seu projeto.

Porém Soichiro não permitiu se render. Em vez de enfocar no seu fracasso, ele continuou trabalhando sobre sua a meta com afinco. Então, depois de dois mais anos de luta e redesenhando seu projeto, ele por fim conseguiu ganhar um contrato com Toyota.

Porém, o governo japonês estava entrando em guerra! Com o contrato em mão, Soichiro Honda precisou construir uma fábrica para prover a Toyota seu projeto do anel de pistão, mas os materiais de construção eram uma provisão escassa. Mesmo assim ele não desanimou! Honda utilizou sua engenhosidade e acabou por inventar um novo processo de fabricação de concreto que o permitiu a construir a sua fábrica.

www.chartonbaggio.com

Com a fábrica agora construída, ele estava agora pronto para produzir, mas a mesma foi bombardeada duas vezes e o aço ficou indisponível, também. Era este o fim da estrada para Honda? Absolutamente não! Soichiro começou a arrecadar os tanques de gasolina reserva que eram descartados dos aviões americanos – "Um presentes do presidente Truman", como ele os chamava, que proviam a matéria-prima para o seu processo industrial. Finalmente, um terremoto acabou por destruir sua fábrica, e Soichiro viu-se obrigado a vender sua idéia a Toyota.

Após a guerra, houve uma escassez de gasolina extrema e as pessoas foram forçadas a caminhar ou usar bicicletas. Honda mais uma vez utilizou-se de sua engenhosidade e construiu uma máquina minúscula e a prendeu à sua bicicleta. Os seus vizinhos logo quiseram um também, e embora ele tenha tentado, não pode achar materiais e ele estava impossibilitado prover a demanda.

Mesmo assim Soichiro Honda não se rendeu, e posse a escrever uma carta para as 18.000 lojas de bicicletas – uma carta inspiradora, lhes pedindo que lhe ajudassem a revitalizar o Japão. Destas, ele obteve 5.000 respostas positivas e com este dinheiro ele pode construir o pequeno motor para ser acoplado as bicicletas. Infelizmente, os primeiros modelos eram muito grandes, assim ele continuou desenvolvendo e adaptando, até que finalmente, o pequeno motor se tornou uma realidade e foi um sucesso. Com sucesso no Japão, Honda começou a exportar as suas bicicletas motorizadas para a Europa e Estados Unidos.

A história não para por aqui! Nos anos setenta havia outra escassez de gasolina, nesta época na América e moda eram os carros pequenos. Honda era rápido em apanhar a tendência. Perito agora em desenhar motores pequenos, a companhia começou a produzir carros minúsculos, menores que qualquer um já tinha visto antes, e montou outra onda de sucesso.

Atualmente a Honda emprega mais de 100.000 pessoas nos Estados Unidos e Japão, e é um das maiores companhias automobilísticas do mundo. Soichiro Honda teve sucesso porque era um homem que tomou uma decisão verdadeiramente comprometida, agiu sobre ela, e fez ajustes em uma base contínua. Os fracasso no decorrer de seu percurso simplesmente não foi considerado como uma possibilidade.

Até o presente momento você já percorreu aproximadamente a metade do seu percurso de sua jornada rumo ao seu sucesso definitivo, porém só isto não é o suficiente. Não basta ter paixão, possuir crenças que lhe fortalecem e lhe apóiam rumo a seu destino definitivo, e ter estratégias nas mais diversas áreas (física, emocional, relacionamentos, saúde, financeiras...), você precisa percorrer o caminho todo, e para darmos prosseguimento a esta jornada, agora você está pronto para percorrer mais uma etapa, por descobrir qual é..

www.chartonbaggio.com

A Sua Bússola Pessoal – Clarificando Seus Valores

Nós temos que determinar quais coisas na vida é mais valioso para nós. Nós temos que determinar nosso sentimento sobre tais coisas como patriotismo, orgulho, amor, liberdade, excelência, propriedade e tolerância. Estes são valores na sociedade, a moral, juízos éticos e fundamentais que nós, como indivíduos, julgamos importantes.

Sem um sistema claro de valores para nós mesmos, é impossível acreditar em algo com uma paixão que não tem nenhum valor para nós. Uma vez que nós estabelecemos nosso sistema de valor individual nós podemos então determinar como nós podemos alcançar o sucesso baseado em nossa prioridade de valores. Sem um sistema de valor nós não poderemos avançar porque nós podemos estar negociando sem aumentar nosso potencial para sucesso.

Pessoas prósperas têm valores claros e específicos. Pessoas que marcam nossa cultura parecem igualar seus valores com os grandes personagens de nossa cultura. Por exemplo, as canções de Bruce Springsteen têm valores claros, assim como; Michael Jackson, Kenny Rogers, Bob Dylan, Stevie Wonder, Diana Ross, Lionel Richie, Neil Dimond entre outros – que nos dizem diretamente e porque não dizer diariamente através de suas músicas e vídeos que estão morrendo pessoas e que temos que fazer alguma coisa!

Um indivíduo só terá sucesso a longo prazo se ele/ela viver através de seus próprios VALORES.

O que são valores? Seus valores compõem seu próprio <u>sistema de crenças interno</u> (representações internas) sobre o que é certo e errado, o que você deve ou não deveria fazer, quem você é e não é como pessoa. Quando você viola isso que você acredita ser certo para você em sua vida, você experimenta dor ou perda, e normalmente acha um modo para se castigar. Quando seu comportamento emparelha-se com seus valores, você se descreverá provavelmente como feliz, contente, excitado, apaixonado, etc.

A maioria das pessoas não está certa sobre o que são seus valores - talvez você tenha algumas idéias vagas sobre seu "crescimento" ou "como as coisas devam ser", etc. como resultado, muitas pessoas estão infelizes porque não estão fazendo progresso sobre o que elas acreditam ser muito importante para elas. Alguns de

www.chartonbaggio.com

vocês podem sofrer uma sensação vaga de descontentamento (estado) que pode conduzi-lo a tentar mudar aquele estado por comportamentos como gostar de comer demais, álcool, drogas e assistir televisão etc. Todos esses comportamentos são uma tentativa de mudar seu estado. Você pode sentir um desejo para essas mudanças de estado se você não está vivendo de acordo com seus valores, embora você possa não saber quais sejam esses valores. E se você não souber quais são seus valores, você não terá uma sensação de ser ou você não está fazendo progresso para aquilo que é muito importante em sua vida ou não.

Você precisa descobrir se seu comportamento diário conduz seus valores. As palavras usadas pelas pessoas para descrever os seus valores mais elevados são: amor, família, igualdade, crescimento, liberdade, reputação, segurança, diversão, honestidade, devoção, respeito, paixão, integridade, sexo, etc.

Seu <u>trabalho</u> lhe proporciona seus valores mais elevados - ou você apenas "segue vivendo"? A menos que "segurança" seja um valor muito alto, seu trabalho precisará prover mais do que um bom salário para você se sentir satisfeito sobre o que você faz para viver. Por outro lado, se você sente que tudo (ou a maioria) de seus valores importantes estejam sendo supridos em seu trabalho, então você automaticamente tem paixão, e provavelmente se superará em seu trabalho.

Suas relações amorosas precisam lhe dar seus valores mais elevados para você se sentir importante e feliz. Quando um ou mais de seus valores mais elevados não estiverem sendo supridos em sua relação o fará ter um sentimento (estado) de "perder algo".

Seus valores são basicamente uma lista das emoções que são muito importante para você na sua vida. Esta área consiste em duas seções: "Valores e Regras Atraentes" e "Valores e Regras Repelentes". Os valores atraentes são aqueles que você se esforça para alcançar; valores repelentes são os que você se esforça para evitar.

Valores são estados emocionais, que experimentamos baseados em nossa vida. É muito importante nós acreditarmos para experimenta-los (em direção a...) ou evitarmos (afastar-se de...). Os valores em "direção a", ou estima de "prazer", são emoções como: o amor, felicidade, sucesso, segurança, aventura. Estes são conhecidos como valores fins – os mais elevados. É importante fazer a distinção entre valores meios, os quais são simplesmente "veículos" ou "instrumentos" e valores fins, que dirigem todos os nossos comportamentos como seres humanos.

Algumas pessoas podem dizer que aquilo que estimam na vida são seus carros. Bem, é verdade, pode-se estimar um carro (i.e., é importante para eles), mas eles estimam este como um meio, um modo para adquirir o que eles realmente buscam. O fim de uma pessoa que estima um carro poderia ser estar buscando uma sensação de conveniência ou uma sensação de liberdade ou, dependendo do

www.chartonbaggio.com

tipo de carro, talvez uma sensação de poder ou diversão. Igualmente, muitas pessoas falam que devem guardar o dinheiro que nem formigas. Mas, o dinheiro somente é um meio que leva a um fim. Eles não querem pedaços de papel com fotografias de falecidos "notáveis". Eles querem o que eles pensam que o dinheiro lhes dará. Algumas pessoas acreditam que isso é segurança ou a habilidade para ter controle sobre suas vidas. Um sentimento de escolha. O segredo da vida é saber o que você realmente busca, os valores fim.

Como descobrir quais são seus valores? Como você descobre os valores de outra pessoa? É muito fácil: você pergunta - ou aquela pessoa, ou a você. Você pergunta, "O que é muito importante para você (mim) em sua (minha) vida?" E então você pergunta, "O que é importante sobre isso?" por exemplo, se a resposta para a primeira pergunta for "família", e você pergunta, "O que é importante sobre isso?" e a pessoa responde "Se divertir", então você descobriu dois valores (a família e diversão). Então você pergunta, "O que é importante para você em sua vida?" Se a resposta da pessoa for, "Ganhar dinheiro", você extraiu três dos valores desta pessoa agora.

Sabendo que a importância <u>relativa</u> de seus valores é crítica. É necessário descobrir <u>qual</u> destes três valores, família, diversão, e ganhar dinheiro é o valor <u>mais</u> importante. A ordem (hierarquia) determina o comportamento desta pessoa? Sim. Se ganhar dinheiro é o valor mais importante, então o comportamento da pessoa será bastante diferente que se a família fosse muito importante. Se a família é o valor mais alto, um trabalho que não lhe proporcione uma sensação de família não lhe fará sentir-se completo. No curto prazo, ele pode lhe proporcionar ganhar dinheiro, mas à longo prazo, ele precisará trabalhar em uma situação onde ele tenha uma sensação de família para sentir-se completo. Se ele não obtém uma sensação de família em seu trabalho, ele pode começar em breve a ter que fazer muito mais para sobreviver, porque ele quererá passar cada vez mais tempo em casa com a sua família. Além disso, ele provavelmente repugnará cada vez mais o seu trabalho.

Se você não está satisfazendo constantemente seus valores mais elevados, começarão a surgir sentimentos de frustração, e você pode experimentar um sentimento de ser consumido por dentro. Ou você muda buscando novos trabalhos ou novas relações que lhe darão seus valores mais elevados, ou você começa a se comportar de maneira a mudar seu estado de frustração ou descontentamento - comportamentos de gostar de comer demais e assistir televisão, beber, usar drogas, ter um negócios, etc.

Se você está numa relação – de negócio ou pessoal - achando os valores mais elevados da outra pessoa, isto tornara possível para você comunicar em palavras e ações de maneira que causará àquela pessoa sentir uma sensação de realização. Você saberá as chaves para preencher suas necessidades mais elevadas (valores).

www.chartonbaggio.com

SE VOCÊ PREENCHE OS VALORES MAIS ELEVADOS DE OUTRA PESSOA, VOCÊ ESTÁ PREENCHENDO AS NECESSIDADES QUE AQUELA PESSOA MAIS TEM COMO SENSAÇÃO VERDADEIRA.

Se você atua na área de vendas e quer vender algo a uma pessoa cujos valores mais altos são família, diversão, e ganhar dinheiro, lhe fale como seu produto ou serviço ajudarão a sua família, como proverá mais diversão a ela, e como ela poderá economizar dinheiro. Sempre relacione o que você vende aos valores mais elevados de uma pessoa. Digamos o 1º valor de uma mulher é liberdade e você está tentando lhe vender um tapete. Mostre para ela como o tapete a <u>livrará</u> de limpar por cima - nenhum cuidado, etc. Lembre-se, você está fazendo um grande favor, porque você está preenchendo as necessidades mais profundas dela. Além disso, ela se sentirá bem sobre o produto porque ela sentirá (inconscientemente, se não conscientemente) que preenche as suas necessidades.

Para descobrir a Hierarquia de Valores alguém, usemos o exemplo de valores de relacionamento, supondo que sejam: amor, companhia, ternura, devoção, lealdade, sexo, honestidade. Primeiro você extrai os valores dela fazendo a pergunta, "Qual é a coisa mais importante para você numa relação?" Uma vez você tem as palavras, você pergunta, "O que é mais importante a você, amor ou companhia?" Ela responde: "Amor". Você: "Amor ou ternura?" Ela: "Amor". Você: "Amor ou devoção?" etc.

Amor é para ela o 1º valor. Para achar o 2º, você pede "Qual é o mais importante":

Você: Companhia ou ternura?

Ela: Ternura.

Você: Ternura ou devoção?

Ela: Devoção.

Você: Devoção ou lealdade?

Ela: Devoção.

Você: Devoção ou honestidade?

Ela: Honestidade.

Você: Honestidade ou sexo?

Ela: Honestidade.

Sempre use o valor mais alto como o padrão de comparação. Você já sabe; por exemplo, que devoção é na ordem mais elevado que companhia, porque ternura é

www.chartonbaggio.com

mais elevado que companhia e devoção é mais elevado que ternura. Então, você sabe que devoção é mais elevado que companhia - sem fazer a pergunta.

Assim, o 2º valor dela é honestidade. Para o 3º, nós já sabemos que devoção é mais elevado que companhia, ternura, e lealdade, assim você só precisa perguntar, "Devoção ou sexo?" Ela: "Devoção".

Até este ponto,

   1º.   Amor
   2º.   Honestidade
   3º.   Devoção

Para o 4º valor, você pergunta:

 Você: Ternura ou lealdade?

 Ela: Lealdade.

 Você: Lealdade ou companhia?

 Ela: Lealdade.

 Você: Lealdade ou sexo?

 Ela: Lealdade.

Para o 5º:

 Você: Companhia ou ternura?

 Ela: Companhia.

 Você: Companhia ou sexo?

 Ela: Companhia.

Para o 6º:

 Você: Ternura ou sexo?

 Ela: Sexo.

Assim o resto da lista dela fica:

   4º.   Lealdade
   5º.   Companhia
   6º.   Sexo
   7º.   Ternura

Todo estes valores são importantes, mas se ela não tem amor, sexo não será muito significativo para ela. Se não houver muita honestidade em sua relação, ela ficará na relação? Provavelmente não, a menos que haja tanto amor que supere a falta de honestidade. Até mesmo se há lealdade, companhia, e sexo, a relação poderá não durar. Se ela ficar na relação por causa de crianças, por exemplo, ela provavelmente sentirá muita insatisfação em sua relação e seria provável recorrer a comportamentos projetados para mudar o seu estado de insatisfação de seus sentimentos.

Agora que nós temos sete palavras que representam as necessidades mais elevadas, nós (e ela) precisamos descobrir o que ela quer dizer com estas palavras. Como ela sabe quando ela tem amor? Para amor, pergunte "Como você sabe quando você é amada?" Para honestidade, "Como você sabe quando alguém é honesto?", etc. Você precisa descobrir o que estas palavras <u>significam</u> a ela - em idioma sensorial específico - como ela sabe que ela está adquirindo (ou não adquirindo) esses valores. Se ela <u>diz</u>, "Eu sinto amor quando meu marido me fala que ele me ama", o marido dela pode lhe <u>falar</u> "eu te amo" regularmente. Sem saber que meio de amor é significativo para ela, ele poderia passar uma semana inteira sem lhe falar que a ama, e ela se sentiria terrível. O que é pior, ela pode nem mesmo saber por que ela se sente mal amada.

Você vê agora como os valores são importantes, e como precisamente nós precisamos saber nossos valores e os valores das outras pessoas se nosso resultado é sentir-nos completos e causar nas outras pessoas um sentimento de totalidade?

Se você se pega sentindo-se bravo com alguém, por exemplo, há uma boa chance que seus valores e os valores da outra pessoa não igualam-se - seus padrões não são os mesmos.

Quando você entra numa relação com qualquer pessoa que você conheça avalie esta pessoa por suas decisões de valores, sobre quem elas são, etc. É uma boa prática para descobrir os valores das pessoas de sua vida (pessoal e profissional). Quando você cria novas relações, comece essas relações com "Assim, o que é realmente importante para você?"

Finalmente, tenha certeza de estar certo sobre seus próprios valores. Se você notar sentimentos de descontentamento, culpabilidade, desconfiança, etc., seus valores provavelmente estão sendo violados - ou por você ou por outra pessoa. Uma vez você sabe que você não está satisfazendo seus valores mais elevados, você pode entrar em ação baseado no que é mais importante a você.

www.chartonbaggio.com

"Valores/Regras Atraentes"

Pergunte: *"Que sentimentos são os mais importantes em minha vida?"* Então, continue perguntando, *"O que é muito importante em minha vida?"* até que você obtenha todas as respostas. Coloque cada uma na **"Coluna de Valores Atraente"**.

Lista de Valores Atraentes:

- [ ] Aceitação
- [ ] Afeto
- [ ] Alegria
- [ ] Amor
- [ ] Apreço
- [ ] Aprender
- [ ] Aprovação
- [ ] Aventura
- [ ] Conforto
- [ ] Contribuição
- [ ] Crescimento
- [ ] Criatividade
- [ ] Determinação
- [ ] Diversão
- [ ] Espiritualidade
- [ ] Excitação
- [ ] Fazer uma Diferença
- [ ] Fé
- [ ] Felicidade
- [ ] Flexibilidade
- [ ] Gratidão
- [ ] Honestidade
- [ ] Humor
- [ ] Inteligência
- [ ] Intimidade
- [ ] Liberdade
- [ ] Paciência
- [ ] Paixão
- [ ] Poder
- [ ] Prazer
- [ ] Realização
- [ ] Reconhecimento
- [ ] Saúde
- [ ] Segurança
- [ ] Ser o melhor
- [ ] Sucesso
- [ ] Ternura
- [ ] Tranqüilidade
- [ ] Vitalidade

EXEMPLOS VALORES ATRAENTES	EXEMPLO HIERARQUIA DE VALORES ATRAENTES
FELICIDADE	1. SAÚDE
AMOR	2. SUCESSO
SUCESSO	3. FELICIDADE
SAÚDE	4. CRESCIMENTO
INTELIGÊNCIA	5. AMOR
PODER	6. CONTRIBUIÇÃO
CRESCIMENTO	7. HUMOR
CONTRIBUIÇÃO	8. INTELIGÊNCIA
AFETO	9. PODER
HUMOR	10. AFETO

www.chartonbaggio.com

Agora crie regras para seus valores. Para cada valor na lista, complete esta oração: "O que tem que acontecer para mim sentir _____?/Eu sinto deste modo sempre que _____". Repita isto várias vezes para cada valor, pois as pessoas, freqüentemente tem múltiplas regras para cada valor.

A resposta a esta pergunta lhe dirá se sua regra é fortalecedora ou uma regra que lhe enfraquece. Para saber qual tipo de regra é a sua para determinado valor, existem três critérios básicos:

- É uma regra enfraquecedora se é impossível atende-la.
- Um regra é enfraquecedora se algo que você não pode controlar determina se a regra foi atendida ou não.
- Uma regra é enfraquecedora se proporciona apenas alguns meios de se sentir bem, e numerosos meios para se sentir mal.
- Caso você encontre regras enfraquecedores fazendo parte de seus valores, fique despreocupado, pois a solução para se livrar disso, é simples! Tudo o que você tem que fazer para que suas violações funcionem a contento é instituir um sistema de avaliação que inclua regras que sejam viáveis, que tornem fácil se sentir bem, e difícil se sentir mal, que sempre nos atraiam para a direção que queremos sentir.

Assim como com nossos valores, nós temos uma hierarquia de regras. Há muitas regras que seriam capazes de nos causar tanta dor que nem sequer consideramos a possibilidade.

Estas regras são chamadas de regras de limiar. Por outro lado, temos algumas regras que não queremos violar, que são chamadas de regras pessoais. Estas regras quando são violadas, fazem com que nós não nos sentimos bem, porém dependendo das circunstâncias, nós estamos dispostos a viola-las.

A diferença básica entre estes dois conjuntos de regras (limiar & pessoais) pode ser formulada com as palavras deve, tem ou pode. Há certas regras que nós devemos fazer, outras que não devemos fazer, outras ainda que nós temos que fazer, e; certas coisas que nós nunca podemos fazer. As regras "temos" e "nunca temos" – são regras de limiar. Já, as regras "devemos" e "não devemos" – são regras de padrões pessoais.

Agora, examine as suas respostas (as suas regras), e pergunte-se se elas:

"São apropriadas? Fiz com que se tornasse difícil me sentir bem, e fácil me sentir mal?"

Para que as regras que governam os seus valores atraentes, use a frase, "Sempre que eu..." Ou seja, crie diversas maneiras para que você possa se sentir bem.

www.chartonbaggio.com

> **EXEMPLOS DE REGRAS PARA VALORES ATRAENTES E REPELENTES**
> "Eu me sinto saudável sempre que caminho 15 minutos por dia".
> "Eu me sinto saudável quando cuido de mim fazendo massagens".
> "Eu me sinto saudável, sempre que como frutas".
> "Eu me sinto aborrecido se os problemas de todo mundo forem resolvidos".
> "Eu me sentiria aborrecido se cortasse todo o contato com a humanidade e fosse morar na Antártica".

"Valores/Regras Repelentes"

Valores "Repelentes" são as emoções que você quer move-las para longe. Regras "Repelentes" lhe ajudam a definir um modo restrito de possibilidade que às vezes você se permitirá as sentir.

Pergunte: "O que é mais importante eu evitar sentir na vida?" Continue perguntando até que você obtenha todas as respostas.

Lista de Valores Repelentes:

- [ ] Aflição
- [ ] Arrogância
- [ ] Autocomiseração
- [ ] Auto-piedade
- [ ] Ciúme
- [ ] Culpa
- [ ] Depreciação
- [ ] Depressão
- [ ] Desapontamento
- [ ] Desconforto
- [ ] Desprezo
- [ ] Dor Física
- [ ] Embaraço
- [ ] Enfado
- [ ] Falta de amor
- [ ] Fracasso
- [ ] Frustração
- [ ] Humilhação
- [ ] Inadequação
- [ ] Indiferença
- [ ] Mágoa
- [ ] Medo
- [ ] Preocupação
- [ ] Raiva
- [ ] Rejeição
- [ ] Ressentimento
- [ ] Sentir opressão
- [ ] Sobrecarga
- [ ] Solidão
- [ ] Subjugar
- [ ] Sufoco
- [ ] Tédio
- [ ] Tristeza

www.chartonbaggio.com

EXEMPLOS VALORES REPELENTES	EXEMPLO HIERARQUIA DE VALORES ATRAENTES
ENFADO	1. RAIVA
DEPRESSÃO	2. FRUSTRAÇÃO
SUBJUGAR	3. ENFADO
RAIVA	4. RESSENTIMENTO
PREOCUPAÇÃO	5. CIÚMES
FRUSTRAÇÃO	6. DEPRESSÃO
RESSENTIMENTO	7. SUBJUGAR
TRISTEZA	8. AUTO-PIEDADE
CIÚMES	9. TRISTEZA
AUTO-PIEDADE	10. PREOCUPAÇÃO

Estabeleça uma hierarquia de importância. Se pergunte, "O que é mais importante para mim evitar sentir: _____ ou _____?", usando o primeiro valor da lista e comparando-o com cada um dos outros valores. Repita este processo com cada valor.

Organize seus valores de acordo com sua hierarquia, como anteriormente.

Crie regras para seus valores. Para cada valor na sua lista, complete esta oração: "Eu me sinto deste modo somente se eu _____ em vez de _____."

EXEMPLO DE REGRAS QUE DEVERIAM SER MUDADAS

"Eu tenho que fazer tudo perfeito todo o tempo para ter êxito".

"Eu só sinto que sou inteligente se tiver um Q.I. de 200 ou mais".

"Para que eu possa sentir amor, meus filhos têm que me obedecer 100% do tempo sem reclamação".

"Eu sempre tenho de respirar ar puro para ser saudável".

"Para ser um sucesso, eu tenho que escrever cinco romances best-seller, tenho que ter $3 milhões de dólares em mina conta, e tenho que marcar um novo Record por correr uma milha tendo 21 anos".

"Eu só estarei contente quando eu ganhar na loteria federal".

"Eu sei que eu tenho êxito quando não cometer qualquer erro".

Agora que você já sabe o que valoriza, está na hora de descobrir como manter-se sempre em condições para percorrer esta maratona que é a sua vida. Não importa quanto dinheiro possa acumular, não importa quão produtivos e positivos possam ser seus relacionamentos, não importa quão bem você possa controlar as suas emoções – caso você não domine a próxima disciplina, você mais sedo ou mais tarde fraquejará pois não terá uma porção primordial a seu favor e esta porção é...

A Disciplina da Energia

www.chartonbaggio.com

A Fonte da Saúde e Vitalidade

Necessitamos de energia para entrar em ação, nada pode acontecer em nosso sistema sem a vitalidade física. A podemos construir a paixão, nossa convicção de realização pode subjugar, nós podemos ter a melhor estratégia ou podemos ter como alcançar nossos valores definitivos para nossa própria vida, mas se não pudermos dar o primeiro passo, nada poderá ser realizado.

Nenhum grande sucesso pode ser separado da energia física, espiritual e mental que nos permite a realizar no estado mais intenso com o que nós temos que fazer. Energia física vem da força do próprio corpo fluir pela entrada da nutrição. É importante que nós abasteçamos nossa máquina com combustível premium (bons hábitos alimentares). Nossa energia espiritual e intelectual evolui de nosso ambiente e é importante que nós avaliemos nosso próprio ambiente pessoal para maximizar a energia que nós podemos obter.

Muito do que você verá aqui desafiará as coisas que você sempre acreditou. Alguns conceitos expostos aqui irão contra as noções que você tem sobre boa saúde. Mas, eles funcionaram espetacularmente para você e as pessoas com as quais você ama.

O Impacto da Saúde

Em primeiro lugar, tome cuidado e faça o que precisar para se tornar saudável e mais ajustado do que nunca. Uma nação forte é composta de pessoas fortes. E uma coisa que toda pessoa neste país pode fazer para ajudar fortalecer o Brasil é se fortalecer.

Em seguida, há o impacto econômico em nosso país. A cada ano, o governo gasta milhões com os contribuintes que não se cuidaram. Este dinheiro vai tratar as pessoas que estão sofrendo de obesidade e suas doenças secundárias como diabete, doença do coração, doença vascular, câncer e outras doenças debilitantes. Assim se você simplesmente olhar para isto de um ponto de vista fiscal, você pode ver o quão vitalmente importante é se ter certeza de que nós não nos tornamos um fardo para nosso país.

Então há o aspecto mental. Quando você fortalecer o corpo, você fortalece a mente. Você fortalece o caráter individual e a coragem. Mais do que nunca, hoje as pessoas precisam de um modo saudável para lidar com a incerteza, ansiedade, tensão e com a confusão. Agora considere o fato de que foi cientificamente comprovado de que o exercício regular, intenso, junto com alimentação saudável, eleva o nível de energia, mantém a mente clara, reduz a depressão e a tensão. Que, em troca, melhora a qualidade de vida.

Agora, eu não estou dizendo que nós deveríamos ser obcecados com a aptidão ou com o construir um corpo musculoso. Eu estou dizendo que é uma meta que vale a pena. Quando você se vê ajustado, magro e forte, que você também vai estar no lado de dentro saudável.

Eu passei muitos anos modelando pessoas que produziram um nível de saúde e vitalidade que os permitissem viver uma vida plena. Ele destilou os seus segredos vitais de vida em um sistema alimentar, de respirar, e de movimentar-se — simples, e fácil de se seguir — que ele segue diariamente em sua vida.

Os Passos Para Energia & Vitalidade

Acredite Você Pode

Sir William Drummond disse, *"Aquele que não argumenta é um fanático; aquele que pode não é um bobo; e aquele que ousa não é um escravo."*

Você é um escravo de suas auto-convicções limitantes?

Nós nos limitamos freqüentemente com falsas convicções que nós aceitamos como verdades inegáveis - por exemplo, que nós somos muito velhos, também fora de forma, muito longe ido, muito preguiçoso ou letárgico experimentar saúde ótima. Muitos de nós nos guiamos para fracasso por causa destas convicções.

Para transformar sua vida, tem que conseguir você primeiramente liberte deste falso, limitando ego-convicções. Sua ego-imagem guia seus hábitos, assim se você se ver como uma pessoa letárgica, insalubre, então você será letárgico e insalubre. Quando você tentar comerciar hábitos negativos e idéias para positivo conscientemente, sua ego-imagem aceitará estes hábitos e idéias eventualmente como realidade. Aja como se você já for a pessoa que você quer ser.

"Observe seus pensamentos; eles se tornam palavras. Observe suas palavras; elas se tornam ações. Observe suas ações; elas se tornam hábitos. Observe seus hábitos; eles se tornam caráter. Observe seu caráter; ele se torna em seu destino."

– Frank Outlaw

www.chartonbaggio.com

1. **A chave para a saúde ótima é <u>energia</u>.** Qualquer coisa que reduz a quantia de energia em seu corpo é potencialmente um produtor de doença. Qualquer coisa que aumenta a sua energia vai ampliar seu nível de saúde.
2. **Toda a energia em seu corpo vem de suas células.** *A qualidade de sua vida é a qualidade da vida de suas células.* As células precisam de três elementos para sobreviverem:
    a. oxigênio
    b. nutrientes
    c. a habilidade para eliminar o seu próprio desperdício
3. **Qualquer coisa que o corpo ingere, ele têm que <u>utilizar</u> ou têm que <u>eliminar</u>.** Para manter uma saúde ótima, o corpo tem que ter o combustível de qualidade mais alto e a habilidade para elimine rapidamente e eficazmente os desperdícios e toxinas. O sistema de Saúde Vibrante é projetado para ajudar o seu corpo a usufruir de uma saúde máxima e de eficiência, proporcionando uma ótima oxigenação, o combustível de qualidade mais elevada, e que ajuda a eliminar os produtos desperdiçados tão rapidamente quanto possível. A captação de oxigênio é importante.
4. **Respiração — A cada respiração diafragmática profunda você faz bombear a linfa ao longo do corpo.** O sistema linfático é o sistema de esgoto do corpo, leva produtos desperdiçados de cada célula e os deposita nos órgãos de excreção do corpo. Além disso, o oxigênio que você leva com cada respiração é levado pelo fluxo sangüíneo até as suas células e lhes dá o oxigênio eles precisam sobreviver! Estas noções fazem parte da pseudociência da "linfologia".

"Todas as maravilhas que você busca estão dentro de você."

- Sir Thomas Brown (1605-82)

Experimente fazer dez "Respirações de Poder" três vezes ao dia. Isto lhe ajudará a oxigenar completamente o seu sangue e manterá seu sistema linfático bombeando!

A RESPIRAÇÃO DE PODER — O PADRÃO 1-4-2:

Inale para a conta de 1

Segure sua respiração contando até 4

Exale contando até 2

Use múltiplos do padrão 1–4–2 conforme você se acostumar a respirar profundamente.

Inspire 4, segure 16, expire 8; inspire 8, segure 32, expire 16, etc.

5. **Como Comer: Alimentos Naturais e Ricos em Água — Mais de 70% de seu corpo é composto de água.** Você é principalmente água. Água compõe 75% do cérebro e músculos, 80% do sangue e pulmões - até mesmo seus ossos são 25% água. Depois do oxigênio, água é o nutriente mais importante para sustentar a vida. É essencial para a produção de energia celular, reduz a velocidade do processo de envelhecimento, e nos ajuda a perder a gordura em excesso do corpo. Estudos mostram que para toda grama de fluido perdido, a produção de energia do corpo torna-se menos eficaz!

Muitas pessoas são desidratadas e nem mesmo sabem! Oh ok, nós bebemos bastantes líquidos certo - suco, café, chá e refrigerante – mas nenhum destes é o substituto dos benefícios para a saúde associados com água. De acordo com Dr. Batmanghelidj, o autor de *Your Body's Many Cries for Water* e uma autoridade mundial na área de bioquímica da água, muitas pessoas comem demais porque eles acreditam que elas têm fome, quando na realidade elas poderiam estar na verdade sedentas e nem mesmo sabem! Conforme nós envelhecemos, os sinais que são enviados ao cérebro para fome e ter sede freqüentemente são misturados.

A água é um componente essencial e o principal componente de toda a vida. 70% de sua dieta deveria ser de alimentos ricos em água. Isto proporciona para seu corpo a água que ele necessita repor, e também ajuda com a eliminação das toxinas.

> "Eles sofrem porque eles não sabem que eles estão sedentos"
>
> - Dr. Batmanghelidj, *Bio-Age: 10 Steps to a Younger You*

Nossa água é ruim por causa do cloro, fluoreto e minerais e beber água destilada é a "melhor idéia".Você também precisa ter certeza que você está bebendo água suficiente ao longo do dia, pois a maioria das pessoas são desidratadas e não sabem disto! Mantenha uma garrafa de água purificada perto ao longo do dia, e continue bebericando.

www.chartonbaggio.com

O Plano de Alimentação de Saúde Vibrante é projetado para lhe proporcionar o máximo de benefícios dos alimentos que você ingere. Até o fim, nosso Plano de Alimentação é baseado nos seguintes princípios:

    a. Coma principalmente frutas frescas e sucos de fruta até o meio-dia.

    b. Coma somente um alimento concentrado em uma comida. Não combine carboidrato com proteínas na mesma refeição.

    c. Coma quantias confortáveis de alimento. Não se "empanturre".

    d. Coma alimentos "naturais" sempre que possível — frutas e legumes frescos.

    e. Elimine os hábitos nocivos como ingerir gorduras e óleos em excesso, doces, carne animal, e produtos derivados do leite.

6. **Consumo efetivo de frutas.** A fruta é o alimento mais perfeito. **Escolha sabiamente seus alimentos.** Todos os minutos do dia, seu corpo está se reconstruindo, substitui e nutre aproximadamente 200 milhões de células. E obtém as matérias-primas para esta função dos alimentos que você come. Toda vez você põe algo em sua boca, você está escolhendo a matéria prima pela qual o seu corpo estará se construindo!

7. **O mito da proteína.** A maioria das pessoas come muito mais proteína do que o mínimo requerido. Sócrates disse uma vez," Você deveria comer para viver; não viver para comer." Da próxima vez você se sentar para comer, tente prestar atenção na sua comida. Nós todos deveríamos aprender a comer como se nossas vidas dependessem disto – porque elas dependem!

> "Me diga o que você come, e eu lhe direi o que você é."
>
> – Anthelme Brillat - Savarin, *The Physiology of Taste,* 1825

8. **Exercícios Para Poder Aeróbio** — Para melhorar a sua saúde e energia o exercício <u>aeróbico</u> é fundamental. O exercício aeróbio quer dizer literalmente "com oxigênio". Se você se exercitar assim, você estará aumentando gradualmente a demanda de seu corpo para o oxigênio, assim você pode continuar exercitando-se por períodos mais longos. Quando você se exercita aerobicamente, você está melhorando a capacidade de seu corpo para trazer oxigênio e entregar este a suas células.

O melhor exercício aeróbio é vigoroso o bastante para você persistir nele 70% de sua taxa de cardíaca máxima durante 20 minutos. O passeio/caminhada/corrida de manhã da Universidade da Excelência é projetado para lhe proporcionar um treinamento aeróbio que seja divertido e projetado para a sua própria capacidade física.

Nosso plano de exercício aeróbio é como segue:

> **15 minutos de aquecimento** (a 60% de sua taxa cardíaca máxima)
>
> **20–30 minutos exercício aeróbio** (a 70% de sua taxa cardíaca máxima)
>
> **15 minutos alongamento** (a 60% de sua taxa cardíaca máxima)

Use seu monitor batimentos cardíacos para manter o registro de sua taxa cardíaca ao longo de seu de exercício – passeio/caminhada/corrida. Sua **taxa cardíaca máxima** é baseada em sua idade e condição geral. Você pode usar o quadro abaixo para observar suas taxas aeróbias sugeridas para seu exercício matinal.

O corpo humano é projetado para se mover! Estudos confirmam que a redução do nível de atividade tem uma forte correlação com a perda de energia e força e aumentos na gordura corporal. Exercício não é opcional se você quiser usufruir de uma energia ótima e de vitalidade.

9. **Apoio Estrutural** — Para sentir-se verdadeiramente energizado e vibrante, o corpo precisa estar alinhado estruturalmente. Muitos de nós desenvolvemos hábitos de postura pobres ao longo dos anos, e então reclamamos por que nossos joelhos doem quando nós corremos, ou nossos ombros "deslocam" se nós estiramos muito. Na Universidade da Excelência, lhe será determinado uma avaliação estrutural e uma série de exercícios projetados para adquirir e manter seu corpo em alinhamento estrutural formal. Eles são fáceis, rápidos, e muito efetivos!

Não Espere

Johann Wolfgang von Goethe disse, "Tudo o que você pode fazer, ou sonha que pode, comece. A coragem traz a genialidade, o poder e a magia." Não tire mudança - vida é modo muito curto! Saúde é nenhum diferente. Se você constantemente esperar pelo momento perfeito para começar, você nunca pode começar.

"Por que esperar? A vida não é um ensaio. Deixe de praticar o que você vai fazer, e simplesmente faça. Em um golpe corajoso você pode transformar-se hoje."

– Marilyn Grey

Vivendo estes princípios simples constantemente podem fazer uma diferença mensurável no nível de energia e vitalidade que você experimenta diariamente. Faça o **Desafio de Dez Dias** de Charton: Adote estes princípios durante dez dias, e observe o quanto melhor você se sentirá pelo décimo dia. Você estará pronto para elevar seus padrões para Saúde Vibrante para vida!

Bem você agora já domina habilidades suficientes para se por constantemente no ápice de seus estados emocionais e físicos, já sabe sobre o poder de controlar sua inteligência intra-pessoal (de você para com você), porém, nós não vivemos em um mundo isolados, e necessitamos de algumas habilidades para nos levar a formar sinergia e maximizar nossos resultados, para isto, nós necessitamos dominar a disciplina que trata sobre...

A Disciplina do Poder da União

www.chartonbaggio.com

Criando Sinergia em Sua Vida

A habilidade para ser verdadeiramente um camaleão é a habilidade para se conectar e se unir com os outros. A habilidade para construir concordância, podendo lidar com os outros. Para se comunicar efetivamente, nós temos que perceber que nós todos somos diferentes do modo que nós percebemos o mundo e usamos esta compreensão como um guia para nossa comunicação com outros.

RAPPORT é o Poder Ilimitado.

Qualquer coisa que você quiser realizar pode ser alcançado muito mais rapidamente se você:

1) desenvolver rapport,
2) descobrir o que a outra pessoa necessita obter, e
3) preencher essas necessidades.

Rapport lhe dá um tremendo poder. Estando em rapport as pessoas sentem-se iguais a você. Aprenda a estabelecer rapport com todas as pessoas que você encontrar, assim você terá avenidas ilimitadas para alcançar seus resultados.

A maioria de nós tenta desenvolver rapport <u>falando</u> a alguém e tentando descobrir algo que temos em comum com elas. Nossos instintos são bons, porque rapport é construído descobrindo-se similaridades:

Quando estamos em sintonia com outra pessoa, há uma tendência de gostarmo-nos mais uns dos outros.

RECIPROCAMENTE, QUANDO AS PESSOAS NÃO ESTÃO, TENDEM A NÃO GOSTAR.

Estas frases lhe ajudarão, a saber, por que você ou está em rapport ou não está em rapport. Se você está fora de rapport, é porque há mais diferenças percebidas do que semelhanças. Se você está em rapport é porque você e a outra pessoa (ou as pessoas) possuem muitas coisas em comum.

Você já ouviu falar da crença de que os opostos se atraem? Isso é uma generalização. Uma pessoa desleixada e uma pessoa organizada podem estar juntas e podem ter rapport, mas não por causa de suas diferenças que elas sentem a respeito da organização, mas por causa de outras semelhanças compartilhadas.

Por exemplo, as crenças deles/delas sobre a importância da família podem igualar-se, a sua religião, suas crenças políticas e espirituais podem igualar-se, eles podem gostar de atividades ao ar livre e podem ter fundos sociais e educacionais semelhantes. Os temperamentos deles/delas podem ser diferentes e aquela diferença pode ser altamente visível, e aquela diferença pode-se somar como um tempero, mas a qualidade da relação deles/delas será fundamentada nas semelhanças, não nas diferenças. E se são percebidas muitos diferenças, essas diferenças podem causar atrito - especialmente conforme os anos forem passando, se cada vez mais são percebidas diferenças.

Olhe o Oriente Médio. Há diferenças fundamentais que vão além de apenas as questões políticas: a religião e as leis são muito diferentes, por exemplo. Assuntos raciais nos EUA vêm de uma percepção (Representação Interna) de que as pessoas negras e as pessoas brancas são diferentes - uma percepção que freqüentemente conduz ao racismo (em ambos os lados). Achando o "<u>algo em comum</u>" maior - que nós todos somos seres humanos - conduz a tolerância de qualquer diferença poderia existir.

Quanto mais nós vermos, ouvirmos e <u>igualarmos</u>, mais RAPPORT nós teremos.

Como você vê, ouve e sente igualdade? A maioria de nós tenta construir rapport fazendo perguntas. O que se as respostas da outra pessoa nos dizem e mostram é que nós não parecemos ter muito em comum com a outra pessoa? A conversação começa a ficar desajeitada.

A Linguagem é o modo menos efetivo para se estabelecer rapport. Somente 7% da comunicação passa para o nível inconsciente pela linguagem. As pessoas têm muita dificuldade de entender uns aos outros através das palavras - diferentes pessoas dão significados diferentes às mesmas palavras. Por exemplo, quando dividimos as pessoas grupos para escrever definições de uma mesma palavra - como "aprendizagem", ou "amor". Geralmente quando estes compartilham suas definições, observa-se que há muito pouca concordância na definição de até mesmo uma palavra!

Os melhores comunicadores no mundo têm a habilidade de estabelecer rapport com qualquer um em qualquer assunto em minutos. Eles usam poucas palavras. Eles ficam iguais as outras pessoas usando os outros 93% de sua comunicação - suas vozes e seus corpos, como também as palavras.

Richard Bandler e John Grinder (os co-criadores da PNL – Programação Neurolingüística) chamaram este processo que eles modelaram dos melhores comunicadores de "Acompanhar e Conduzir". Estes comunicadores se tornavam literalmente imagens espelhadas das pessoas que eles estavam se comunicando - eles emparelhavam suas vozes e corpos. (Acompanhando sua imagem como uma imagem de espelho, emparelhando seus movimentos, do mesmo lado do corpo.

www.chartonbaggio.com

Acompanhar e conduzir são igualmente efetivos.) Este processo faz com que haja uma igualdade <u>neurológica</u> - um sentimento de união no sistema nervoso – bem no um fundo, a nível inconsciente.

O fato é, você já sabe como acompanhar e conduzir. A qualquer hora que você quiser entrar em rapport com qualquer pessoa, você emparelha e conduz aquela pessoa inconscientemente e, com isto, causará naquela pessoa um sentimento de igualdade no nível inconsciente. A profundidade de seu rapport dependerá em como <u>exatamente</u> você emparelha e conduz.

Observe duas pessoas em um bar - normalmente você verá seus corpos emparelhados, cabeças inclinadas ao mesmo ângulo e pernas cruzadas da mesma forma. Se você tiver bastante acuidade sensorial poderá observar a taxa de *Respiração* deles/delas, provavelmente emparelhada. Eles também terão provavelmente a respiração na mesma parte do tórax deles/delas.

Você pode acompanhar e conduzir a *Voz* - a tonalidade e o tempo de como uma pessoa está falando (nasal, ressonante, rápido, lenta, etc.), como também o cadência, o timbre, e o volume. Você acha que uma pessoa que fala suavemente entrará em rapport com alguém que fala rapidamente? Ou vice-versa? Você também pode usar as mesmas palavras chaves que fará ele/ela se sentir como se vocês estivessem no mesmo "comprimento de onda", ou "adquirindo a (mesma) figura".

Você pode acompanhar e conduzir a *Fisiologia* - o corpo: postura, respiração (um modo excelente para acompanhar e conduzir, porque é tão sutil que ninguém notará), expressões faciais, freqüência de contato ocular (alguém que fita ou alguém que foge o olhar constantemente), freqüência do piscar, proximidade (quanto mais íntimo você for da outra pessoa quanto mais você poderá se aproximar dela? - você pode literalmente <u>sentir</u> quando você também adquire intimidade), gestos, e toques (freqüência e localização). Você já faz muitas destas coisas - a chave é estar atento e fazê-las conscientemente com a finalidade de estabelecer rapport.

O que é excitante sobre este conhecimento é que você pode <u>g a r a n t i r</u> rapport <u>c o n s c i e n t e m e n t e</u> acompanhando e conduzindo outras pessoas, porque os sistemas nervosos destas têm que responder a esta igualdade. Se eu estiver um pouco com você, você não terá nenhuma outra escolha neurológica para deixar de gostar de mim, porque sua mente inconsciente atua como um mecanismo de *biofeedback*: percebendo esta energia, eu reponho exatamente as mesmas sucessões. O cérebro diz, "eu achei meu amigo - alguém como eu".

Obviamente você não tem que acompanhar e conduzir todos os detalhes do corpo que alguém expressar, voz e linguagem para entrar em rapport. Você pode conduzir uns poucos gestos ou posicionamento das pernas, por exemplo.

Observe uma sala cheia de pessoas e você verá como outras pessoas automaticamente acompanham-se e conduzem-se em pouco tempo estando sentadas umas próximas as outras - até mesmo quando elas não estão se comunicando deliberadamente.

Se você conduz tudo sobre uma pessoa, você não só começará a sentir o que elas estão sentindo, mas freqüentemente até mesmo poderá ver o que elas estão vendo em suas mentes. Duplicando <u>exatamente</u> a fisiologia de alguém, você terá as mesmas ou semelhantes representações internas. Quando se acompanha e conduz-se com precisão, poderemos freqüentemente dizer algo como, "eu me sinto como se eu estivesse assistindo a última Copa do Mundo", e é exatamente isso que a pessoa estará pensando. É difícil acreditar até que você experimente isto, mas acontece sempre. Adicionalmente, estas duas pessoas normalmente sentem como se elas se conhecessem a muito tempo atrás ao término deste processo, até mesmo se elas nunca se encontraram antes, porque elas experimentaram um profundo nível de rapport.

Você pode ter até mesmo rapport simultâneo com várias pessoas acompanhando e conduzindo partes diferentes do corpo de cada pessoa e voz.

O próximo nível de habilidade de rapport é ser capaz de conduzir e liderar, após ter acompanhado e emparelhado (estabelecido rapport), mude sua fisiologia ou seu padrão de voz, e assim fará a outra pessoa o seguir. Conduzir e liderar são uma ferramenta muito poderosa por conduzir alguém para fora de um estado de descuido da mente em um estado mais diligente do qual aquela pessoa possa entrar em ação.

Pratique o acompanhar e conduzir. Decida começar a jogar este jogo hoje mesmo, escolha acompanhar e conduzir uma pessoa pelo menos por um período de dez minutos por dia. Comece com acompanhar e conduzir a postura daquela pessoa então comece a acompanhar e conduzir os gestos então as expressões faciais. Se você estiver fazendo estes três, você pode notar que você já está respirando com a mesma taxa e na mesma parte do tórax dela. Logo, comece a acompanhar e conduzir a tonalidade – a cadência, o volume, o timbre, o tempo da fala. Observe quaisquer mudanças no modo como a outra pessoa se relaciona com você.

Uma vez mais, utilize-se do espaço das páginas seguintes para escrever suas observações sobre este material, sobre os exercícios, ou sobre suas experiências de acompanhar e conduzir. Relacione o material desta fita com o vídeo na relação entre fisiologia, estado e representações internas. Comece a ver como rapport (emparelhando e refletindo fisiologia) afetam suas representações internas e seu estado.

www.chartonbaggio.com

Pratique o acompanhar e conduzir e você estará somando os recursos de todas as pessoas que você entrar em contato, porque elas o terão como um bom amigo. A propósito, quando você estiver em rapport com alguém, <u>você</u> também sentirá como se <u>você</u> fosse um bom amigo dele/dela.

www.chartonbaggio.com

A Disciplina do Domínio da Comunicação

www.chartonbaggio.com

O Domínio da Comunicação

Como você sente sobre sua vida não é determinado pelo que <u>acontece</u> com você, mas por como você <u>interpreta</u> o que acontece com você - as imagens que você faz e como você fala com você. Se uma pessoa amada o deixa, o que faz aquele mau a você? Só significa o que você comunica a você - o significado que você dá a propósito, é à experiência que você representa aquele evento. Se você pensa que você não mereceu aquela pessoa, você se sentirá muito diferente que se você diz a você, "é tempo de mudar."

O que você diz a você e o que você imagina determinará como você se sente sobre o que acontece com você. Se você quer alegria, felicidade, etc., você criará esses estados se você sabe comunicar a você de tal maneira que você perceba (imagina e fala a você) uma vida jovial e feliz. Seu sucesso <u>interno</u> está baseado na maneira que você se comunica com você. Se você quer sucesso <u>externo</u> - se você quer poder influenciar outros nos negócio ou persuadir suas crianças que brigar não é um modo ideal para se sentir bem - você precisará dominar sua comunicação externa. (Escute à fita de rapport, e assista o vídeo para mudar suas representações internas.)

PARA SER UM COMUNICADOR PROFISSIONAL, VOCÊ PRECISA DOMINAR SUA COMUNICAÇÃO INTERNA E EXTERNA.

Comunicação é a base de todas as relações. Comunicação é o fator mais importante em nossas vidas empresariais e pessoais. Entender e usar habilidades de comunicação efetivas fazem toda a diferença entre sucesso e fracasso. Se lembre, apenas 7% da comunicação é composta das palavras que nós usamos e 93% da comunicação são inconscientes.

As organizações estão relacionadas com assuntos de "gente" tais como comunicações interpessoais, moral, produtividade, cooperação interdepartamental, relações de custo-efetividade e outros aspectos do dia-a-dia do manejo dos recursos humanos. No contexto das organizações, nós usamos a comunicação como meio de conseguir uma ampla gama de metas de performance com rapidez, confiabilidade e certeza.

Nossa forma de manejar recursos humanos usa primariamente grandes avanços da tecnologia da comunicação e da lingüística. Essa maneira de comunicação tem mostrado muitos avanços em áreas multidisciplinares, reconhecidos e confiáveis, capazes de produzir resultados evidentes que são muito valorizados por responsáveis por tomadas de decisão em busca de uma maior eficácia.

A forma de comunicação para os recursos humanos tem o prazeroso e familiar sentido do bom senso sobre os assuntos relativos às pessoas. É absolutamente livre de jargão e outras parafernálias. A comunicação se relaciona diretamente aos resultados do dia-a-dia as tomadas de decisão, relacionamentos no trabalho entrevistas reuniões, apresentações. Esses meios são comuns para todos os assuntos de performance humana em todos os níveis.

Desde que a comunicação é um fenômeno organizacional universal, nossos métodos contribuem muito e funcionam bem em virtualmente qualquer situação. Aplicações variam de indivíduos, equipes de trabalho e grandes audiências para eventos importantes, desenvolvimento de projetos, reorganizações e assuntos interdepartamentais. Intervenções planejadas, ou nas crises, costumam responder igualmente bem.

Uma amostra dos assuntos que nós tipicamente abordamos são: mudanças de atitudes – resolução de crises pessoais – manejo do estresse – formação de equipe – acessar e aconselhar indivíduos difíceis – planejamento de carreira – conflitos interpessoais – acessar potenciais – orientação para habilidades de liderança – habilidades de venda, persuasão e negociação – motivação de indivíduos – habilidades de entrevistas – orientação para performance individual – reuniões efetivas, habilidades de apresentação e palestras públicas desenvolvimento de relacionamentos efetivos – desenho de programas de treinamento e desenvolvimento.

O Ato de Comunicar-se

Quando for usar a palavra ("falar"), coloque-se num local visível, nunca atrás de meses e carteiras. Não recoste-se na parede ou coluna e nunca se esconda – **mantenha-se a vista de todo o auditório**. Abaixo apresento algumas dicas extremamente valiosas para você quando for se comunicar, principalmente numa comunicação em público.

O QUE FAZER COM...

Pés – Mantenha-os alguns centímetros afastados um do outro, com um deles ligeiramente a frente. Equilibre-se bem e mantenha uma boa postura. A ponta de seus pés deve estar para frente.

Mãos – Deixe-as numa posição tranqüila e relaxada; isto proporcionará facilidade de gestos e o uso de anotações. **EVITE**: gestos desnecessários, colocar a mão na frente ou atrás do corpo; tão pouco, nos bolsos.

www.chartonbaggio.com

Rosto – Mantenha uma fisionomia alegre, com um leve sorriso esboçado em seu rosto.

Roupa – Nunca use nada que possa distrair a atenção da assistência, durante sua oração. Vista adequadamente para cada público que for falar. "Junto a gregos, seja grego; junto a troianos, seja um troiano".

Corpo/Postura – A maneira como você utiliza o corpo é uma afirmação fundamental sobre si mesmo. Uma postura alinhada, ereta, mostra desenvoltura. Para adquirir uma boa postura básica, fique em pé e encoste-se na parede. Encoste na parede a parte posterior da cabeça e as nádegas, e o máximo que puder da parte posterior das costas, sentindo-se confortável. Agora dê um passo. Esta é uma postura ereta e equilibrada, e; isto dá a assistência uma impressão de personalidade.

Aparência - A primeira impressão que um grupo terá de você será as aparência. A sua aparência é uma comunicação. Você nunca terá uma Segunda chance para dar uma primeira boa impressão. Lembre-se: é melhor ser conservador, principalmente num ambiente de negócio.

Contato Visual – Mantenha contato visual (5 segundos funciona muito bem) com cada pessoa da assistência, regularmente. Olhe de maneira inteligente e fite-os como se eles estivessem sentindo prazer em ouvi-lo. Ao falar, divida a sala mentalmente em quatro ou cinco segmentos e, sistematicamente, faça contato visual com as pessoas nos diferentes segmentos, uma pessoa diferente de cada vez.

Gestos – Todos nós temos um "gesto nervoso" – tilintar moedas soltas no bolso ou brincar com uma mecha de cabelo. Se você se observar cinco minutos numa fita de vídeo, verá isso nitidamente. Quando identificar o gesto, deixe de fazê-lo. Quando ele tiver sido eliminado, descubra outro hábito nervoso a ser eliminado. Essas pequenas mudanças farão uma grande diferença. Evite também os gestos desnecessários. Os gestos enfatizam um ponto e, se você estiver sempre gesticulando, eles perdem o impacto.

Espaço – Utilize todo o espaço disponível. O espaço físico é uma metáfora para o espaço mental; portanto, você deve exigir o espaço que deseja desde o início.

Voz – Numa apresentação, sua voz acrescenta energia e interesse. Utilize-a para expressar a emoção natural daquilo que você sente. Pratique com um gravador. Algumas vezes, você desejará atrair a atenção do grupo falando suavemente, mas até um tom de voz suave precisa de projeção, para chegar até o fundo da sala. A projeção vocal exige uma boa respiração. A respiração impulsiona a nossa voz. Respire profundamente quando falar para grupos. Fale devagar. Utilize a voz congruentemente com suas palavras. Se você deseja que o grupo visualize, fale mais depressa. Se deseja que eles ouçam internamente, fale mais devagar e pausadamente. Se deseja que eles entrem em contato com suas sensações, fale mais devagar ainda e num tom de voz grave. Veja abaixo como utilizar as inflexões vocais naturais para criar efeitos:

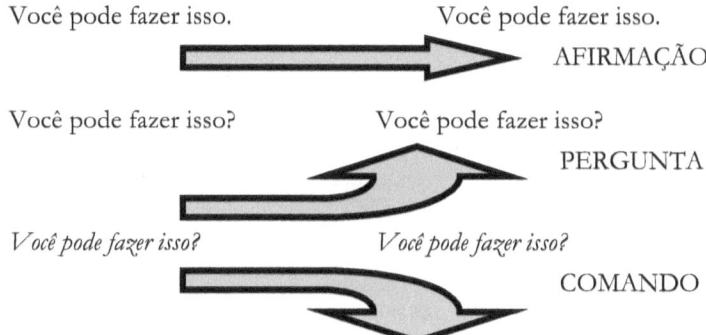

Palavras – A parte que praticamos, moldamos e que mais nos preocupa. As suas palavras são simples e diretas? Infelizmente aquilo que os treinandos pensam que você queria dizer pode ser diferente daquilo que realmente você quer comunicar – as palavras podem ser enganosas.

Vocabulário – O primeiro ponto óbvio é que precisamos de um vocabulário rico e variado que dê aos nossos ouvintes uma idéia do assunto. Precisamos preencher os espaços vazios e dar à platéia uma noção dos temas. Escolha as suas palavras com cuidado, pois cada uma possui uma ampla variedade de diferentes significados.

Jargão – Evite jargões. AQ não ser, naturalmente, que você esteja numa área especializada e o treinamento trate da aprendizagem de um vocabulário especializado. O que é jargão para o leigo é vocabulário técnico para aqueles que conhecem, ou desejam conhecer, a área. Se você utilizar jargões, explique-os e lembre-se de que uma palavra que lhe é muito familiar pode ser nova para o grupo.

Lendo Trechos Preparados – Se você planeja ler um trecho de um livro, assinale-o antecipadamente e mantenha o livro à mão. Acrescente o máximo de vitalidade e energia que puder ao trecho que estiver lendo; ele será lembrado ou esquecido, de acordo com o interesse despertado pela sua voz..

Voz Ativa e Voz Passiva – Use a voz ativa para envolver as pessoas naquilo que você diz. Use a voz passiva para diminuir a energia numa sala e para dissociar as pessoas das suas experiências.

Nomes – Use os nomes das pessoas. Agradeça qualquer pergunta ou comentário de alguém, chamando-o pelo nome. Certifique-se de saber os nomes ou, se o grupo for muito grande, para que isso seja possível, certifique-se de que todos estejam usando crachá.

Palavras a Serem Evitadas – Não faça suspense. Iniciar frases com: "É porque... que..." dificulta o acompanhamento e, provavelmente, gera confusão. Lembre-se de que as frases curtas com palavras curtas evocam a ação direta. A maioria dos adultos tem dificuldades para acompanhar o sentido de uma frase com mais de dezoito palavras.

Gestos Verbais Nervosos – Descubra qual é o seu "gesto verbal" nervoso. Bem... uhh... deixe-me ver... portanto... um, vamos tentar descobrir... ummm... o que é...[sniff]... como... certo?... OK... Assim...? Mmmmmm... o que eu diria? Substitua esses "tapa-buraco" por alguma coisa mais poderosa. Uma frase clara – ou até mesmo uma pausa – é sempre mais poderosa.

Humor Verbal – O humor verbal é um método poderoso para obter e manter o rapport do grupo. Tente fazer o grupo rir nos primeiros cinco minutos de um treinamento. Esse é um importante ponto de referência. Fazer rir não se trata de contar piadas. Lembre-se uma piada sem graça não desperta interesse. Geralmente, tudo o que você precisa fazer para provocar um sorriso é mostrar os aspectos curiosos de alguma coisa bastante comum.

www.chartonbaggio.com

O Desafio Final

www.chartonbaggio.com

Excelência Não É O Bastante

Minha mensagem é sobre liberação e alegria que experimento transformando a minha vida – e a vida das pessoas que tenho o privilégio de tocar – de um de fracasso para um de sucesso incrível, e imploro para que cada pessoa (principalmente você!) assuma o controle de seu destino através do ilimitado poder da decisão e "entre em ação" volumosa.agora mesmo!

Atualmente há alguns indivíduos que vivem com tanta experiência quanto a minha em ajudar as pessoas a ir além das suas limitações auto-concebidas e alcançarem o seu potencial mais elevado.

No início dos anos 90 eu me deparei com uma tecnologia que me fascinou a PNL (Programação Neurolingüística), um conjunto de poderosas e radicais ferramentas de comunicação e terapêutica relativamente nova que podia transformar/alterar imediatamente os programas "inconscientes" diretamente – isto mudou a minha vida para sempre.

Comecei a utilizar esta tecnologia de alta performance para ajudar as pessoas a se livrarem de traumas, fobias, inseguranças, medo dos mais diversos, a saírem da depressão, a atingirem seus resultados/sonhos e a cada trabalho "bem sucedido", eu ficava cada vez mais confiante em minhas habilidades para induzir mudança dramáticas na vida daqueles que me procuravam, logo a classe médica começou a me atacar, dizendo que aquilo "não era real" – hora, que dissessem isto aquelas incontáveis pessoas que muitas vezes em anos de tratamentos não tinham conseguido se livrar de seus problemas e que em muitos casos em menos de quinze minutos de consulta estavam livre finalmente!

Isto tudo só serviu para me fortalecer e ganhar referências para começar a ensinar as pessoas a atuarem com seu verdadeiro poder, através da criação de diversos seminários de imerção que realmente transformavam as pessoas a ponto delas definirem tais eventos como um "divisor de águas" – entre sua vida antes do seminário e sua vida após o seminário.

A essência da mensagem é simples, todos nós temos dentro de nós as habilidades para transformar nossas vidas profundamente – e nós só estaremos dispostos fazer isto através de uma decisões clara e por uma ação dramática para a sua conclusão.

Eu acredito que a vida está constantemente testando nosso nível de compromisso, e as maiores recompensas da vida são reservadas para aqueles que demonstram um compromisso inabalável para agir até que eles consigam alcançar o que buscam. Tão simplista quanto isto possa soar, ainda é o denominador comum que separa aqueles que vivem os seus sonhos daqueles que vivo a pesar.

www.chartonbaggio.com

Uso a minha própria história de vida como um exemplo do compromisso mudar e ensino imperturbavelmente, desafiando os outros a alcançarem o seu próprio potencial mais elevado, e é esta paixão por viver na extremidade do possível que infunde o meu trabalho com tal uma energia positiva e contagiosa.

O autodomínio transcende a capacidade de um indivíduo para descobrir o que é que ele verdadeiramente quer, qual é o seu caminho, e então eliminar os obstáculos que sempre são internos que os impediria de poder cumprir aquele caminho em uma base contínua. Há obstáculos naturais que vida nos oferece para que nós possamos crescer e se expandir como indivíduos e descobrirmos mais sobre quem nós somos realmente e desdobrar ainda mais o nosso caminho espiritual. Mas eu também acredito há um grande número de desafios que são auto-induzidos. E nós temos que desenvolver a capacidade para conhecê-los, temos que nos antecipar a estes tanto quanto seja possível, e os temos que eliminar desenvolvendo o que eu consideraria ser os músculos emocionais e/ou espirituais. Porque os desafios continuarão aparecendo em nossa vida, mas se você tiver a força interna – isso é sua fé, sua determinação ou seu amor incrível por si, para com Deus e para com os outros – então eu acredito que você terá a capacidade para viver uma vida que seja extremamente comprometida. Eu penso que é isso em última instância que é o que o autodomínio conduz – uma vida que é comprometida. E isso só pode vir, em minha mente, não apenas por me sentir bem, mas pelo contribuir com o que está em minha volta de modo significativo para com estes, estes que você se preocupa e em última instância pela sociedade como um todo.

Autodomínio e esclarecimento são o mesmo. Eu penso que a palavra é diferente e que as tradições são diferentes. Depende de seu modelo do mundo, se é Ocidental ou Oriental. Há pontos de vista diferente sobre como se aproximar desta experiência de êxtase definitivo, como algumas pessoas descrevem isto, ou nirvana definitivo ou realização definitiva. Mas para mim a noção de que a espiritualidade está separada do resto de vida não permite uma aproximação prática de viver uma vida que tenha realmente uma qualidade extraordinária. Aquela qualidade extraordinária pode ser medida em tantos áreas, assim eu não penso que é que um assunto de escolher uma área e dizer isso é tudo. Eu penso que espiritualidade é uma parte de tudo. Não precisa estar separada (fora) de tudo. Nem precisa ser medida por uma série de passos ou tradições. Eu penso que todo indivíduo tem que descobrir por ele como olhar a espiritualidade. Eu sou pessoalmente contra os que dizem, "Este é o caminho". Eu digo as pessoas que há certas necessidades que os seres humanos possuem claramente. Eu quero dizer, você não tem que ser muito iluminado para ser capaz de ver esse comportamento – há padrões especialmente no ser humano que se você observar, como eu o tenho, milhares de pessoas durante os últimos quinze anos de minha vida. Eu vi todo o tipo de sucesso, das pessoas que são supostamente as mais

www.chartonbaggio.com

prósperas através de condições culturais aquelas que são as mais prósperos no mundo através de condições espirituais – que eu percebo que para ser um ser humano extraordinário – um atleta de topo ou um grande empresário do mercado financeiro ou um grande comerciante. Cada uma destas pessoas descobriu aspectos de realização. Alguns deles descobriram a realização definitiva – o que você poderia chamar de "nirvana" a meu ver – e nisso eles têm uma experiência inacreditavelmente longa de vida, eles e Deus com um todo. Como isso é conseguido, eu acredito, que é tão ímpar e particular quanto o são as pessoas, e eu acredito que é maravilhoso que haja tantas tradições diferentes que ofereçam modos e caminhos se fazer isto.

Eu não acredito que autodomínio seja algo que "atingível". Eu não vejo isto como uma meta, mas sim, como um processo contínuo. Primeiro, para mim, é mais como um domínio ativo. É um processo diário contínuo que você vive. Há um velho ditado que diz, "A estrada para sucesso está sempre em construção". Eu também não acredito que muitas pessoas que supostamente são iluminadas mantenham aquela sensação de esclarecimento a toda hora.

Segundo, para mim, autodomínio, acredite ou não, não é a perspectiva definitiva que eu tenho para uma pessoa. Eu acredito que há uma diferença entre "Eu Posso" e "Eu Sou". E "Eu Sou" realmente é a meta para a qual eu estou mirando, em vez do "Eu Posso". Todo o mundo pode. Eu acredito que a experiência de liberação vem de deixar uma obsessão com o que é que você pensa que o está controlando. Em tantas tradições espirituais, há aqueles que enfocam em todo o inferno que você tem que ir para por que você será liberado finalmente e finalmente será livre. E minha convicção pessoal é que a única coisa que o mantém livre são todas as convicções que você tem sobre o que tem que acontecer antes que você possa estar lá. Eu penso que a razão para isso é que nós não estimamos as coisas a menos que nós as façamos muito difícil porque caso contrário elas não seriam significativas. Nós não nos permitimos a ter aquele último "aha!" – aquela sensação definitiva de conexão. Nós vivemos em uma sociedade onde há uma obsessão com quem eu sou, com quem eu era, ou o que aconteceu comigo a anos atrás, e é um completo absurdo. É uma hipnose cultural e acontece no mundo todo – ocidente e oriente, norte e sul –, mas especialmente em nossa cultura, a cultura Ocidental.

O que a maioria de nós faz é na verdade reforçar a neurologia, a psicologia e o enfoque espiritual de limitação ao invés de uma transformação e liberdade que já estão dentro de nós e em volta de nós. Todos os grandes mestres dizem isto. Eles todos dizem isto de modos diferentes. Minha metáfora é: há liberdade quando você abandona o medo e você abraça completamente o amor – o amor por você, o amor para com Deus, o amor pela vida, o amor pelas pessoas. O que impede as pessoas de fazer isso é apenas o seu medo.

www.chartonbaggio.com

Nós aprendemos tantas idéias limitando de nossa cultura. Como a idéia do porque você foi estuprado por X ou porque você foi abusado ou porque isto ou porque aquilo, você se recolhe externamente de um certo modo – e é absurdo porque você pode dar uma olhada e pode ver tantas exceções. Há pessoas que tinham tudo – amor, alegria, felicidade, uma grande educação, dinheiro, apoio, tudo o que for imaginável – e elas se tornaram viciadas em droga. Ou você vê alguém que era fisicamente, mentalmente, emocionalmente e sexualmente abusada, totalmente sem nenhum apoio, nenhum suporte, e elas se tornam uma Oprah Winfrey – um ícone afro-americano. Ou há alguém que, apesar de ficar aprisionado injustamente durante vinte e sete anos, não sai e mata as pessoas mas sim ajuda a transformar o seu país, como um Nelson Mandela.

Mas o que faz a diferença entre os indivíduos que permanecem na mediocridade e aqueles que transcendem as suas circunstâncias? Nós temos uma situação sem igual na vida. Na minha opinião é um jogo muito simples. Se você faz um trabalho pobre sobre algo, que tipos de recompensas você irá adquirir?

Se você faz um trabalho pobre, você não adquire nada. Você adquire dor. Quando você faz um trabalho realmente pobre constantemente em sua vida, suas relações o deixam. Quando você faz um trabalho pobre constantemente no trabalho, a menos que você trabalhe para o governo, seu trabalho irá acabar. Você estará fora! Se você faz um trabalho pobre com seus filhos, eles terminam na prisão. Agora, a maioria das pessoas na vida não avaliará como "pobre" os seus padrões, mas sim como sendo "bom". Se você imagina um jogo de degraus e você está no nível básico onde um passo abaixo é talvez um trabalho pobre e o "bom" poderia ser dez degraus a cima, isso seria um salto grande para ser "bom". Assim quando você faz um trabalho bom na vida, que tipo de recompensas você adquire? Recompensas boas. Não! Você adquire recompensas pobres.

Se você faz um trabalho bom, você adquire recompensas pobres. Isso é como realmente é. E o melhor estudo da vida é o estudo de como é, não como você pensa que deveria ser. Você poderia dizer, "A gravidade não faz nenhum sentido e eu vou provar isto. Eu não gosto disto". Mas se você salta num precipício, você vai pagar o preço. Há certas leis que por enquanto não podem ser explicadas. Elas são parte do modo como que nós somos formados, do qual nós somos uma parte, o sistema que nós somos uma parte.

Assim, a maioria dos realizadores na vida, sejam eles realizadores espirituais, realizadores empresariais, realizadores como pais, pessoas que realmente vão pelo melhor, que dizem, "Eu quero ser excelente. Eu não quero me conformar com o bom. Eu tenho um padrão mais elevado". Mas se o padrão é de excelência, o que acontece? Você adquire boas recompensas. Você vai dizer, "Espere um segundo. Eu subi do degrau dez para o degrau vinte! Eu sou um dos melhores homens. Eu rezo diariamente. Eu leio a Bíblia. Eu leio o Alcorão. Eu medito. Eu faço meu

www.chartonbaggio.com

mantra, eu pratico yoga, eu estou falo diversos idiomas, eu estou me alimento com uma dieta perfeita. Eu cuido de meu corpo. Como vê eu não tenho nada que me condene?" E eu tenho notícias para você. Você nunca vai adquirir isto contanto que você seja excelente. Você sabe o que você vai adquirir? Boas recompensas. Você terá uma grande vida. Você sentirá uma grande sensação de conexão espiritual. Você terá provavelmente uma grande sensação de gratidão. Isso é o que você adquire quando seu padrão é de excelência. Mas o último nível é excelente. E a coisa interessante sobre isso é que embora é isto esteja a apenas alguns centímetros da excelência, muitas pessoas nunca chegarão lá. Quando você é excelente, quando você agüenta além de todo o resto sobre seus padrões, não competindo com outros mas sobre seus padrões para com você, você adquire todas as recompensas, todo o amor, todo o impacto, todos os tudo, não só da sociedade mas de você, porque você sabe que você nunca se conformou com menos que você pode ser.

Em última instância, o único modo a ser comprometido é constantemente crescer e contribuir de um modo significativo com as outras pessoas, para com o mundo. E para crescer, todos nós temos que estar dispostos de deixar ir o nosso medo e deixarmos ir quem nós somos, e nós temos que fixar padrões e temos que nos desafiar. O que faz as pessoas líderes na vida é a sua vontade de dizer, "Eleve seu padrão. Exija mais de você". Isso é o que todos os líderes de qualquer tipo fazem: Eles chamam as pessoas a um padrão mais elevado. Eu penso que isto faz as pessoas a crescer. E nós temos que crescer. Não importa quanto dinheiro ganha você. Não importa com que freqüência você medita. Não importa quantas pessoas pensam que você é iluminado espiritualmente. Não importa quantos carros ou casas que você tenha. Se você não sentir que você está crescendo, até mesmo se milhões de pessoas o amam, você não tem nada. Você ou está crescendo ou agonizando. Eu acredito que nós estamos todos aqui juntos para apoiar, crescer e contribui uns com os outros.

Mas isto não pode ser alcançado através de falsa manipulação do exterior. Crescimento não vem de ter uma discussão intelectual com você. Crescimento só vem quando você transforma. E você tem que levar aquele crescimento e tem que converter isso para algo significante de forma que o mundo fica melhor.

Nós estamos aqui (neste mundo) é para ter certeza que nós maximizamos nossas capacidades como ser humano e esperançosamente contribuímos de certo modo sendo significativos.

www.chartonbaggio.com

Buscando Uma Razão Maior Para o Seu Sucesso Definitivo

Programa Campeões da Excelência.

Inicia com os alunos da 5ª série do ensino fundamental (dando prosseguimento até a conclusão do ensino médio) onde se esses ficarem longe das drogas e do álcool, mantiverem uma média B na escola, e executarem 25 horas de serviço comunitário por ano, terão uma bolsa plena de ensino para sua educação universitária!

No decorrer dos sete anos de acompanhamento destes estudantes dentro do programa que mantiverem o seu compromisso e se formarem na escola secundária, terão doado (se apenas 20 deles permanecerem fiéis) no mínimo 3.500 horas de serviço a comunidade a várias agências de serviço sociais da comunidade, e terão começado uma tradição de longa vida de ajudar os outros.

Eles estarão dando um passo cima mostrando através do exemplo uma excelência de colocação aos padrões mais altos e se comprometendo à perseguição da excelência, e sua habilidade em usar o seu poder pessoal ilimitado para alcançar as suas próprias metas. Eles serão mentorizados por mim e um anfitrião da comunidade, negócios e líderes de educação em sua cidade, todos investindo monumentalmente nestes líderes do futuro.

Os Campeões selecionados nas escolas que aprenderem os mais alto para continuar a sua educação, selecionando campos de estudo que aumentam as suas habilidades, talentos e interesses. A Fundação Charton Baggio pagará a instrução a sua educação.

Em defesa deste programa, eu faço visitas anuais a estes jovens que provêem a direção e ajudando-os a manterem-se enfocados nos seus próprios resultados pessoais. Nós não só apoiamos a estes jovens (homens e mulheres) excelentes que ganharam o direito para receber uma bolsa de estudos de quatro anos para cursarem uma faculdade orgulhosamente, como também conquistaram o direito de caminhar alto como exemplos de líderes extraordinários dentro de suas comunidades.

Na sua formatura estes serão recepcionados para celebrar as suas realizações, num jantar especial e cerimônia de prêmios que serão dadas a honra num restaurante,

www.chartonbaggio.com

junto com a presença de renomados homens de negócios e políticos que serão os anfitriões da recepção que segue a sua graduação na escola secundária.

Os estudantes seguirão para um dia inteiro de diversão no Beto Carreiro World e permanecerão uma noite num hotel local. No dia seguinte, eles viajarão até o local do seminário Encontro Com o Destino, onde passarão cinco dias sendo treinados por Charton Baggio – onde terá a presença de diversas pessoas de diversas áreas.

As atividades dos Campeões de Excelência são compostas de 15 programas sob o patrocínio da Fundação Charton Baggio, uma organização não lucrativa formada para criar uma coalizão de voluntários atenciosos que comprometem-se em alcançar constantemente e ajudar as pessoas que são esquecidas freqüentemente pela sociedade. Especificamente, a fundação trabalha para fazer uma diferença na qualidade de vida das crianças/jovens, os sem teto e famintos, a comunidade inválida e aos anciões. A Charton Baggio Fundação é dedicada a prover os melhores recursos para inspiração, educação, treinamento e desenvolvimento para estes membros importantes de nossa sociedade.

www.chartonbaggio.com

www.ingramcontent.com/pod-product-compliance
Lightning Source LLC
Chambersburg PA
CBHW031943170526
45157CB00012B/1360